交銀文選第一輯

# 溝通與交流

主編　趙娣嫺

交通銀行印行

# 目　錄

## 序



## 散文

目　錄

## 詩作

# 出版物的魅力

## —「交銀文選」序

孫如陵

服務報界幾十年，時間大半用在期刊上，所經辦的週刊、月刊、特刊、專刊、副刊，屈指數來，一時想不起許多，總之一句話，一個刊物的出版，就是一個思想體系的完成，其中有真，有善，有美，還有理想，在在展示她的魅力，令人陶醉。

今舉「交銀通訊」為例以說明之。

交通銀行總經理，趙捷謙博士，鑒於交通銀行的發展，有賴於「溝通」與「共識」，他在「交銀通訊創刊辭」中說：「溝通才有共識，共識才能有一致的行動，組織的力量」。他所想到的也做到了。於是，八十四年五月十五日而有「交銀通訊」的創刊，迄今四年零四個月，已印行五十二期，一期比一期進步，一期比一期精彩。這可是趙娣嫺小姐和交銀同仁共同努力經營的。他們把趙總經理的理想，用智慧轉化成文字，一一表現在版面上，成為「交銀通訊」，又充實，又光輝，得來實在不易！

出版物之所以具有「組織的力量」，乃由於「共識」（兵法中的「上下同欲」）所產生的「一致的行動」，亦即團隊精神的發揚，有以致之。我們知道，任何一種刊物，都是編者、作者、讀者，群策群力，各盡所能，各取所需，分進合擊，協力同心的結果。其理甚明，而話不容易說得圓活周到，那就容我借用一個故事來助興吧。

「天方夜譚」有一個故事，說是有三位王子，同時愛上了他們的表妹，各不相讓。國王很為難，各給金幣三千，周遊列國，物色一件寶物，將來誰的寶物最好，誰就娶表妹為妻。

遊歷期間，老大買得一架千里鏡，可看遠方的萬事萬物，瞭若指掌。老二買得一床飛毯，雖相隔千里，瞬息可達。老三買得一枚蘋果，是一味不死之藥，可以起死回生。當他們昆仲三人各懷寶物歡聚在一起的時候，老大取出千里鏡，一看，不妙，驚見他們心愛的表妹，身在病榻，氣息奄奄，命已垂危。三位王子立即共乘老二的飛毯，飛到表妹身邊，用老三的蘋果，把她救活，成就一段佳話。

這個故事所昭示我們的，厥為做一件事，要想成功的話，首先要有高瞻遠矚的眼光（千里鏡），其次要有劍及履及的手段（飛毯），再其次還要有立竿見影的功效（蘋果）。三個王子的三件寶物，皆稀世之珍，各有特長，各擅妙用，而在這次營救表妹的串聯行動中，各顯神通，卻難分高下；只有一點，可以斷言！三者任缺其一，大功即無由告成，所以說，「合之則三美」是一種巧妙的安排。

回頭再看「交銀通訊」，眼光、手段、功效，樣樣都有，早已踏上成功之路，別說今天出版「交銀文選」，大可放手放膽做去，即令將來編印叢書，也是順理成章之事。寫到這裡，我想起我編中副期間，文友們送稿來時，總自謙自己的文章不好，我總以笑聲回應：「沒有關係，明天印出來就好了。」交銀的文友們，今當「文選」出版前夕，你們要相信，鉛字是有魔力的，「明天印出來就好了！」明天屬於你們，祝福你們！

# 心畦相連，滿園芬芳

朱炎

讀過這本詩文輯的校稿，內心滿是驚奇和喜悅，煞如不經意地發現一片林花鬱香競豔，稻禾載欣載榮的田園。是誰說過：透識一個民族心靈的捷徑，乃是研讀其文藝創作；同樣道理，要想聆聽一個機構成員的心聲，必先欣賞其詩文，了解其心思之所寄。細閱交通銀行同仁這本文集，我才知道：這些在世人眼中，捧著金飯碗，天天與錢財打交道的白領行員，竟有如許靈目慧心，恁般浪漫情懷！

令人特別感受深刻的，唯是交銀上下心靈的諧溶，字裡行間所流露的那份辭真意摯的感情！

於是，在「父親記往」裡，趙捷謙先生全然忘卻總經理的身分，至情至性地娓娓敘述老人家的生平故事；其用心之真切，筆觸之誠樸，直教人想起朱自清的「背影」。張詠涵小姐的「念父親」，也把我感動得泫然欲涕。張家鋐、何鼎建、陳瑛青、林宗成、林綿綿、嚴孟經、謝利弘等的遊記或雜憶，俱皆無私地分享了個人在域外的見聞和感受。陳高德的詩行，以諸般繁豐的景物和意象，呈現春天的榮耀和詩懷的壯闊；趙娣嫺的百行長詩，洋溢著瀟灑脫的浪漫、浪漫的古典。其他的詩文，無論言情詠物，或是說理記遊，也都各有見地，各擅勝場。

趙娣嫺社長最先把我引進交銀的文藝圈。那天午后，接到她的電話，要我為文藝社的同好做一次演講。當時我正為忙碌所苦；但是她的誠懇和熱忱，讓我無法排拒。若干天之後，我就在交銀的會議室裡，認識了她、張家鉉經理和其他十幾位醉心文藝的朋友。之後，我陸續收到他們寄來的習作；而張經理和趙社長更寄來自己的散文集。好幾個晚上，我都在夜闌人靜、苦不成眠的牀燈旁，津津有味地閱讀這兩本書，直到次晨的三點、四點、五點。

老實說，他們的創作或評論，比我先前所想像的，好得多的多。所以，我決定自找麻煩，推荐二位進入中華民國筆會。我說自找麻煩，是因為該會的會員，不是詩文名家，就是教授學者，再不就是新聞界的重鎮，絕少企業或金融界人士；介紹他們入會，有人會覺得突兀其至可疑。後來，雖然經過幾番說明，我仍然依稀聽到些微雜音。學院中的門墻和文藝界的圈圈，是我一向所痛恨的；因為我相信：每個人——特別是文藝中人——的心靈，都要擺脫傲慢與偏見的桎梏，享受充分的自由。這些雜音之源，當然無緣得知張經理和趙社長的創作成果，已是斐然可觀；而他們二人對文學藝術的癡情和推展文藝活動的熱誠，是多麼罕見而令人感佩！那些人或許也未曾想到，國畫大師齊白石，原來是個木匠；美國第一位不朽的小說家霍桑，做過多年的海關關員；當年名動文壇的悲觀主義作家王尚義的本行，則是牙醫；而美學巨擘、戲劇大家姚一葦教授，恰恰正是台灣銀行的一個資深行員！

當各個職場上的工作者，大都被迫與人性漸行漸遠，跟冰涼的機器終日廝磨；交通銀行卻有一位總經理，致力於鼓舞同仁藉著詩文互相溝通與交流，在彼此的真情、善意、關切和期待裡，盡情地揮灑，愜快地寫作，真是難得的福氣！

# 一畝福田

## ——序《交銀文選》

沈謙

「半畝方塘一鑒開，天光雲影共徘徊。
問渠那得清如許？為有源頭活水來。」

這是宋代理學家朱熹的〈觀書有感〉詩，讀到《交銀文選》，直覺的感受就是「源頭活水，長在我心」。

《交銀文選》是《交銀通訊月刊》所選出的散文及詩結集，《交銀通訊》於民國八十四年五月創刊，標榜「交流的，生活的」。銀行能創辦一份文藝性質濃厚的刊物，洵屬難能，其中的文章頗具可讀性，耐人尋味，尤稱可貴！

這本文集的內容豐富，包羅萬象。其中最顯著的特色，約有二端。

## 一、親情鄉情，情趣盎然

本書中不乏刻畫親情，描繪鄉情的佳作，有情有義，盎然成趣，饒具韵味。信手拈來，耐人咀嚼。

趙捷謙的〈父親記往〉，分從「食」、「書法」、「商人」、「最後一張合照」、「家世」懷念父親的忠厚傳家。最感人的一段：「整理他的遺物中，不期發現一幅只寫了一個『靜』字，並未落款。這字不是他一向用正楷寫的，而是用半草乾筆寫的，我準備先幫他完成鈐印後，裱起來，做為隨時提醒自己的座右銘，同時也幫我回憶起第一代來台者開拓的種種困頓與辛酸，雖有淚仍然有笑，有歡欣，撒了種子必收穫，努力一定會有成果。」

張詠涵的〈念父親〉，描述父親疼愛子女的方式是無比的細膩與深沈，用行動表達愛，形象躍然，歷歷如繪：「對我們的幼年教育卻是嚴謹的——不准吃零食、不准看雜書，電視節目更是除了新聞與知識性節目外，一律不准收看。如此嚴格管教至兒女成長到有能力自己辨認是非善惡之後，便給予我們完全的信任，以無為而治之道，讓兒女有充分自由的發展與選擇。」

葉美麗的〈我的故鄉澎湖〉，敘假日返鄉，海是那麼藍，水又清澈可掬，坐在白沙灘上，連讀者也彷彿進入忘憂谷，聽到她的歌聲：

「人生七十才開始，八十滿滿是。
九十算來沒稀奇，一百笑嘻嘻。
六十正是少年時，五十囝仔嬰。
四十睡在搖籃裡，三十才出世。
有緣做伙來上班，放下家內事。
不會要來問上司，大家來鼓勵。
爾問歲頭有多少，互相來疼惜。
惜緣惜福又顧家，幸福沒問題。」

在此聯想起一段馳名的故事：前清乾隆皇帝站在黃鶴樓上，望江心帆船熙熙攘攘，問左右「船上裝的什麼東西」，一大臣回奏：「無非兩樣東西，一樣是名，一樣是利。」

這個故事傳誦廣遠，但是現代散文家王鼎鈞卻別有所見，他在《昨天的雲・小序》中說：「船上載運的東西乃是四種，除了名利之外，還有一樣是情，一樣是義。」

銀行是處理金錢的機構，除了幫民眾賺錢之外，還要為同仁謀利。《交銀文選》使得銀行在「名」、「利」之外，又增添了「情」與「義」。

## 二、伸展觸鬚，懷萬般情

交通銀行總經理趙捷謙在〈交銀通訊創刊辭〉中將刊物定位在：交流的、生活的。縱觀《交銀文選》的文章，生活的、交流的，所佔篇幅最多。有關交銀同仁育樂活動及相關報導的文章，如趙娣媚的〈行慶音樂會之夜〉、〈領取而今現在〉，何鼎建的〈參加亞洲開發銀行第三十屆年會紀行〉、謝利弘的〈總經理視察交歐公司雜記〉等，不但促進同仁的情誼溝通，而且凝聚向心力，頗有可觀者焉。

此較特殊的，是異國風情的文章，由於交銀「立足台灣，放眼世界」，分行遍佈海外，同仁奉派出國的機率頻繁，再加上旅遊風氣盛行。相關文章不但開拓了寫作的題材，也增廣了讀者的眼界。如何鼎建的〈旅菲雜記〉暢述菲律賓的今昔，從一九六〇年代的經濟發展居亞洲第二位，淪落至如今國民所得不及我國的十分之一，感慨良深：

「雖然菲律賓天然資源豐富，但是由於缺乏外患激勵，人民生性懶散，加上馬可仕時代貪污腐化，艾奎諾夫人時代毫無建樹，所以經濟發展……」

鄧秀芬的〈新加坡青年所謂的五C〉，從新加坡電視連續劇「『五C老公』的五C」：1. 豪華汽車(Car)，2. 共管公寓(Condominium)，3. 信用卡(Credit Card)，4. 事業(Career)，5. 鄉村俱樂部會員(Country Club)，說到另一種五C的生活品質：1. 信心(Confidence)，2. 奉獻精神(Commitment)，3. 恆心與耐心(Consistency)，4. 勇敢的嘗試精神(Courage)，5. 關懷與同情心(Compassion)。

江金隆的〈荷蘭瑣憶〉，敘荷蘭風情，焦點投射於腳踏車，當地偷竊之風甚盛，常見只剩車骨和車鎖牢扣在鐵柱或樹幹的滑稽景象。有人腳踏車被偷，向荷警投訴，答的也妙，想辦法偷一輛！至於秋冬在腳踏車專用道上騎車的況味，更是印象深刻：

「雪花飄在臉上，沁涼而輕靈；飄在舌上，好似在品嘗未加糖的棉花糖。而下霜的清晨最冷冽，經常凍得兩腿發麻，耳朵哄哄作響，呼氣成煙。因此騎車的人，口裡好像拖著一縷縷或斷或續的白煙。下冰雹時，伸出舌頭，品嘗冰雹擊舌的麻疼及入口即化的滋味……。」

古人云：「讀萬卷書，行萬里路。」今人還要再加「交萬種友，懷萬般情，賺萬萬元！」《交銀文選》洋溢著「行萬里路，懷萬般情」的樂趣，且能讓讀者伸展觸鬚，開拓生活領域，真是無上福緣！

本書最短的一篇是趙娣嫺的〈一畝田〉：「今年五月起，同仁將更富有了。因為總經理送給大家一畝田——交銀通訊——園地。」《交銀文選》，就讓我們看到了花果蔚蓄的收穫季。這一畝福田，值得珍惜與享受！

# 散文

# 溝通與交流

## ──交銀通訊創刊辭

趙捷謙

溝通與共識是企業經營中一件非常重要的事情。溝通，才有共識。共識，才能有一致的行動、組織的力量。如此，業務方得以發展，組織生命方得以持續。「交銀通訊」是一份溝通的刊物。

「交銀通訊」定位在：交流的、生活的。

交流的特性是指這一份刊物是一種信息的交流，同仁由此可以知道首長的想法、交銀的政策、業務的發展、其他單位的活動、相關的新知等。

生活的特性是指這一份刊物是屬於比較軟性，是一種精神層面的食糧，看的人沒有閱讀的壓力，同時也給有寫作能力或創作能力的同仁一塊發表的園地。

「交銀通訊」是交銀同仁共有的新幼苗，還希望大家來共同維護、灌溉，使其成為展現交銀人精神的地方，也藉著這份刊物的發行，來表現我們所傳承的卓越與精緻。

八十四年五月十五日

# 父親記往

趙捷謙

父親是一位平凡的人，沒有什麼豐功偉業可以記述，我就他老人家平凡的一面，回憶點滴，留些吉光片羽，藉以表達對他的追思及懷念，所記各點並沒有什麼順序，只是順筆有感而寫而已。

一、食：父親是美食主義者，潮州菜以細緻為主，在精而不在多，在處理過程要將菜中最好的味道做出來才是本事，在父親美食者的挑剔下，母親做的菜能使得父親每次在外面吃飯老覺得不如在家做的好，當然苦的是母親，同時也害得我很少在外面館子請父親吃飯。我最喜歡吃父親滷的豬肉，吃了才知道什麼叫肉香味，但每一次想自己學著做，都不成，因為其中講究的是用何種醬油、何部位的肉、何時下、滷到何種程度。父親最大的特長是會選菜，不論是豬肉、牛肉、雞、鴨、鵝、魚，他都知道什麼叫做好，大節日時母親總要他出馬去選。做好菜的先決條件畢竟是會選料呀。還記得每一年過年，母親都會用烏魚來做一道菜，而這一道菜我相信一定是家鄉才會這樣做的。父親常說家鄉的菜市場中，有賣熟魚的，其味道所以好是以不斷煮的魚湯作為材料的，潮州人精於處理魚食想必與此傳統有關。至於烏魚作法，與其不同，好像是先將烏魚蒸熟，抹些鹽在上，即放在外面，隔天才吃，那時可以吃到魚凍、魚肉鮮美之味。好的廚子一定要有挑剔的食客，母親就在父親這麼一位挑食者之下，做菜是有名的。就以沾料而言，不同的東西吃時要配以不同的沾料，有時吃飯時，同時有四、五種不同的沾料擺上。母親的手藝，看樣子是我們子女中無一人可以繼承，反是弟媳做的菜跟母親做的很像，讓父親滿意，另外是印尼華人女傭阿嬌與母親學做菜，也學了有模有樣的。我想這就是人生吧！人雖往生，但留了的東西若是好的而有人承繼，吃了、用了、看了就會讓人想著、懷念著，那就雖死猶生了，不朽不也是這種意義嗎？

二、書法：整理父親遺物中，有一印石，刻著「趙旭升印」，就是父親寫字鈐印用的印石。他怎麼學字的，倒沒跟我提。從小我寫的字又亂又難看，母親說你看你父親寫那麼好的字，你的字為什麼都寫的那麼難看。父親寫字寫得好到不選筆，都能寫出好字，一向給我寫的信都是用毛筆寫，很少用鋼筆，只是這些信現都給丟了，沒一件保存。後來到我唸高中時，我自己開始下決心用功學書法，他看我想從學行書開始，就說寫字要從正楷開始學，他才告訴我他學的字是陸潤庠的字。我並沒跟他學寫字，他也沒教我如何寫的竅門，我是先從臨柳公權開始，然後學趙孟頫的正楷、行書以及草書，我也臨過王羲之的蘭亭序。我寫的字只是用來改正我原先字寫的醜而已，尚不能登大雅，而父親寫的字都是裱起來掛的。他八十歲時還給當時在美國唸書的大孫女莊敏用正楷寫心經一幅，可見他的功力及身體的狀況當時還很好。父親能寫字我想是天生的，我也曾經看過有些人天生就是能寫一手好字或文章，都不必學。我是屬於必須努力學才成的人。父親從小即離鄉背井隻身來台，先在苗栗、後在新竹學些做生意的門竅，在新竹看上了母親，娶回廣東潮陽老家，我與姐姐都是在大陸廣東出生的，民國三十六年全家才又重回新竹，母親在大陸的十年，依她的說明，苦多於樂、與父親聚少離多，中日戰爭家鄉正好為日本所佔據，物資匱乏，可說民不聊生，母親與父親都有一次瀕死的經驗。在這種情況下，我想父親如何找出時間來練書法？整理他的遺物中，不期發現一幅只寫了一個「靜」字的字，並未落款，這字不是一向他用正楷寫的，而是用半草、乾筆寫的，我準備先幫他完成鈐印後，裱起來，做為隨時提醒自己的座右銘，同時也幫我記憶起第一代來台者開拓的種種困頓與辛酸，雖有淚仍然有笑、有歡欣，撒了種子必收穫、努力一定會有成果。

三、商人：父親應該可以說是商人，他做的是中藥材尤其是人蔘為主的中盤商，從批發商那裡批貨，在家裡整理分類，然後賣給零售商。這些整理分類或簡單加工，我在高中時曾經幫他做過。只是我比他更不像商人，家裡能承他衣缽的只有弟弟捷富了，不過弟弟不是做他那一行的，而是從事電子音響的製造業，自己當老闆，也是自己摸索奮鬥出來、白手起家的，因為父親並不是成功的商人，事業起起伏伏的，不能給弟弟有什麼大的幫忙。記得每一次當帳收不回來，人家來求情是否還可以再賒一點貨，他常無法拒絕。母親每次說他，他總會說人家都那麼困難了，不幫他誰幫呢？他是個軟心腸的人，道德倫理非常重視，有時一聽老家有什麼人有什麼事，就是自己沒什麼錢還是想辦法周濟。父親的生意大約於我大學畢業後一年時就沒做了，進入了半退休狀態，從此我就負擔了家計。父親往生後，與姐姐談起父親的一生，我們同意他後半生應該屬好命，好命的意思是晚年衣食可以無憂無缺，這一點不也是做子女所應該盡的最低責任嗎？

四、最後一張合照的照片：父親往生後的頭七那天，三妹帶來了三叔、三嬸以及小堂妹來台探望父親大家一起合照的照片，照的時間大概在他住院前一個星期，當時父親已衰弱得只能起來一下。父親在家中是排行老二，尚有大伯、三叔以及小叔了，不過也曾聽父親提起，好像他也有姐姐與妹妹的，其中有一位嫁至馬來西亞的姑姑，聽父親說是我從小過給他作義子，因為我從小不好養，必須吃人家的水與米，也因為這樣母親不讓弟弟妹妹們叫我做哥哥，而以名字直稱，後來母親為此很後悔，除了改口叫很困難外，弟妹們彼此間也變了只直稱其名，依母親後來的想法是，直稱其名尊敬會少許多。不過，弟弟及大妹現也改以大哥稱我，至於其他的妹妹再也改口不了了。大伯與小叔均已往生，三叔一直住在香港，所以一向與我們家往來最多，因此也最親。三叔一家人來台探視父親，大家都非常高興，尤其是姐姐，談起了在大陸的往事真是五味雜陳，苦難的時代對於只能接受其苦難的老百姓永遠是一場惡夢。父親是個很嚴肅的人，記憶當中，弟妹們當中好像沒有一個人從小他抱過似的，是否小時曾讓父親抱過在我們家中變成一種非常難以企及的事。姐姐說出了自己的這種遺憾，她說坐在三叔的身上至少可以拾回這種遺憾的大部分。從小父親對我而言是望而生畏的代名詞，他很少說我什麼的，或管我什麼的，但可以說我們父子間有很大的距離存在。姐姐的感觸，我可以瞭解。至於說父親沒有抱過那一位，這也不對，他的二孫女莊齡就是他於她未出生前爭取要幫忙帶的。至於莊齡的所有一切他都認為最好，小時她頭髮少又稀，不像個女孩又穿上裙子，父親總是說有頭髮的不如她沒頭髮的好看，等她再長大點總是於傍晚時分用腳踏車帶她去串門子等等。父親就是這麼一個人，凡是自己所喜歡的就是最好的。不過，父親不為我們所知柔軟的一面也藉著他帶二孫女中洩漏無遺。

五、家世：父親往生後為了找資料，想找一本生前他給我看過的有關我們家世的「趙氏尊祖錄」，但遍找不到，想放棄之間，無意當中找到了父親留下用小楷寫的一張紙片，記著四、五行字，是有關家世、祖父母之事。這紙片寫著：「原籍廣東省潮陽縣第九區仙城鄉北門　天水世家　廿二世祖考趙公諱資榮　卒於癸酉年九月一日壽六十三歲　妣趙媽張氏　卒於民五十二年農四月二十二日晨五時壽八十一歲」。父親告訴我家裡排名最近的方式是排「資質端莊」，因此祖父是資字輩、父親為質字輩、我們這一輩取名字好像只有三叔的小孩取端字，然後是我的女兒取莊字，弟弟的小孩則又不照此取。聽父親說起祖父好像是個村長或鄉長之類的，對後輩的提攜不遺餘力，同時急公好義，身至高有六尺。父親的身高比較像祖母，屬於中型體型，較為文氣，而三叔體型較壯，大概比較像祖父吧！聽三叔說祖母是山後人，大概近梅縣的地方吧，是客家人。祖母在我母親的口中是至為慈祥，在母親由台灣至潮陽老家父親為討生活常放母親一人在老家受苦受罪的十年中，要非祖母、三叔的照顧，幾次都是快把她移到大廳的狀況下而不可思議的加以救活的。若我記憶是不錯的話，世譜可以追溯到宋代開國皇帝宋太祖的弟弟趙匡美先祖。父親雖然一生困頓，但他生了兩兒五女，可以說個個有歸宿或有些小成，尚可以不辱祖先。家中出了兩個經濟學博士是父親最高興的，除了我以外，就是他的大孫女莊敏於去年七月間取得美國 University of Rochester 的博士學位。我曾經告訴父親有關莊敏學位考試的時間，考試完了的隔天他就急著打電話來問，聽了非常的高興，可惜的是他仍無法親見他長孫女的結婚。至於他從小帶大的二孫女莊齡將於今年大學畢業，父親也是無法參加他的畢業典禮了。弟弟開了一家黑武士電子公司，同時也轉投資了另外一家公司，弟媳幫忙維持公司的種種，他們有兩女一男，均在唸書。姐姐與姐夫則已是當祖字輩的人，姐夫原自軍中退伍下來即從事貿易的業務目前已退休，他們的四個兒子均成家，也個個有成。大妹與大妹婿也是祖字輩的人，兩兒兩女，除了小兒尚小外，也都結婚成家，他們夫婦兩人共同創業，現在在大陸開廠。二妹則與其夫婿均為公教人員，有一兒一女均在唸書，不過二妹小時即有大志，現在仍在攻讀她的碩士學位。三妹與我、還有我內人一樣，在銀行服務，三妹的兩個女兒均也已都上大學。小妹與其夫婿均是公務人員，兩人均為中興大學法律系的同學，他們有一兒一女均在唸書當中，小妹婿於工作之餘也仍在攻讀他的碩士學位。父親雖沒留什麼遺產給我們，但「忠厚」是他留給我們的，我想我們家可以說是：「忠厚傳家」，父親他也可以告慰的了。

（恭寫於民國八十八年元月三日）

# 一畝田

趙娣嫺

今年五月起，同仁將更富有了。因為總經理送給大家一畝田—交銀通訊—園地。

希望你以經驗、智慧為種籽，以妙筆為湧泉，勤加耕耘與灌溉，讓這塊園地開滿花，結滿果。

如果你想種桃種李種春風，那就撒播吧！因為這是你的一畝田。

八十四年五月十五日

# 石榴花開時

## 寫在交銀通訊創刊一週年

趙娣媚

明媚的五月，是石榴花開的季節，一朵朵紅豔的石榴花，彷彿宣告著一顆顆滿腹飽珠璣的碩果。在這個萬物欣欣向榮，開花、孕育果實的時節，「交銀通訊」好像奇葩一樣地綻放了，五月十五日是個多麼圓滿璀璨的日子，交銀通訊創刊已滿一年了，比譬於出生兒七坐八爬九長牙週歲可以獨立走路的成長歷程，是否象徵交銀通訊也可跨步而行呢？

記得八十三年，現任總經理趙捷謙博士接事本行以後，對於本行這個大型機構沒有一份可供同仁交流、溝通的刊物耿耿於懷，乃督促企劃部籌辦。企劃部鑒於這份刊物的全行性，乃徵由總處各單位推薦同仁成立編輯委員會。在總經理的督導下，「交銀通訊」於八十四年五月十五日發行創刊號，贈閱對象及於本行同仁及退休人員，逮至八十五年二月，在預算許可下正式對外發行—真是奇巧，竟是十個月，人類生命孕育的時間。

交銀通訊創辦之初，為了刊頭及版面設計，頗費斟酌。本行聘請的 CIS 設計公司提供了二種型式的版面設計，未臻理想，因為電腦字體的刊頭把「交通銀行」碑體字的特有風格—遒勁有力—完全抹煞了。為了能呈現一種更好的理念，便試著自行設計，取用本行的招牌字「交銀」後，「通訊」卻苦無相當的字體，利用電腦製作的幾種字，拼來湊去，依然不理想。後來郗專員提出意見：「毛筆字搭配毛筆字比較好看，你何不請秘書處黃專員崇敏寫，他的毛筆隸書寫得很好。」就因為這句話，我試著去見黃秘書，承他慨然允諾，第二天拿來連夜趕就的一堆剪得很精緻的小方塊毛筆隸體字「通」「訊」，我請他提供他認為最好的，經過縮影，和碑體的「交銀」搭配在一起，視覺上剛柔相濟，自然脫俗。經簽請總經理核定後，就是今天的「交銀通訊」刊頭了。

交銀通訊規劃為四個版面，第一版刊載行內大事；第二版為知識經驗交流；第三版屬於生活休閒的，包含運動旅遊保健，並配合本行CIS工作進展刊登CI NEWS；第四版刊登散文、小品、詩、小說、書畫等創作。四菊開的版面雖小，但包羅的內涵卻堪稱豐富，境界也相當遼闊。對於本刊物的內容、品質，總經理的要求是嚴格的，他要最好的。但總經理也是仁慈的，有些經審查擬不採用的稿子，他也會批示「選文中可用的刊登」，那種對同仁心血之作的珍惜之情，常常令我感動。有開始時，來稿多挾泥砂以俱下，但砂中有金，我這個園丁就得費神去披砂揀金。有些經過剪裁鎔鑄的文章，竟會讓我喜歡得一讀再讀。而隨著時間的成長，現在同仁的來稿已是多金少砂了，這真是可喜的現象。

版面的美編安排也是很費事的，要怎麼安排才會美觀大方？因為版面是固定的，因此只能在標題、文字的定位求取變化，平實中要求活潑；也因為版面有限，在以容納同仁的作品為主的前題下，標題就不作誇張性的設計，完全以內容的充實為主。因為不能失敗，且要求更好，因此不免有相當的壓力。但能看到一份良好的刊物成品，相信任何人都會感到喜悅的。

記得本刊始創之初，徵取同仁稿件時，多數同仁都說「不會寫」，然而當交銀通訊一期期的發行以後，同仁耳濡目染，有樣學樣，現在只要說請提供有關報導，便也能很快獲得回應。有一位退休的同仁，很高興的寫信給本刊，說他在交銀通訊刊出的文章是生平首次公諸於世的作品，喜悅之情溢於字裡行間，而文章在交銀通訊刊登，彷彿就是一份很高的榮譽了。身為交銀通訊的園丁，今天我更相信了「凡流汗播種的，就可以歡慶收割」這句話的真義了。

本行同仁本質上優秀、卓越，有的更具有多方面的才華，卻在銀行例行性的工作中沉潛成固守崗位的工作機器。不能發展個人長才增益人的附加價值是種損失，其實也是本行總資產的損失。交銀通訊的發行，希望能減少這種遺憾，甚至開創更多的無價之寶：智慧、經驗、知識的交流，增益生活，改善工作，凝聚共識和向心力，那就是本行無形資產的增加，我們願意朝這個方向繼續努力。

當我面對交銀通訊的各式文章，彷彿看到未來堆疊的日子中，將矗立出不少寫作名家。一個園丁看到自己參與耕耘的土地花團錦簇，春風桃李，能不載欣載奔嗎？遊目騁懷於這片意境上沒有邊界的土地，仍然希望同仁繼續播種與耕耘。寫作是辛苦的，但創作出來的果實卻是甘美的，交銀通訊這塊園地是不是肥沃？是否能栽植出「滿腹飽珠璣」的碩果？相信時間會給予公平的答案，不過也得靠你我的努力，不是嗎？

八十五年五月十五日

# 行慶音樂會之夜

趙娣媚

本行今年的九十大慶，董事長、總經理為使本行在參與經濟建設的同時也能參與社會文化建設，因此特別在行慶活動中安排了音樂會，由頗負盛名的「台北愛樂室內及管弦樂團」擔綱演出。演出時間安排在三月二十日晚上七時三十分，地點則選在最具知名度、席位最多的國家音樂廳。

本次音樂會將近二千個席位的入場券，百分之十由音樂廳保留發售，其餘分送本行長官、客戶及同仁。由於票數有限，且機會難得，因此獲得入場券的同仁及受邀貴賓出席相當踴躍，幾乎客滿。

音樂會開演之前，近百名的演出者魚貫進場，在舞台上各就各位後，由年輕輩的指揮家約翰・樊德生指揮，揭開音樂會的序幕。首先演出賴德和先生編寫的大提琴協奏曲—我的故鄉美麗島。本曲揉和了三首台灣民歌「思想起」、「六月茉莉」、

「丟丟銅仔」。這三首台灣小調型的民歌被截取了部分樂章放到浩翰的西洋式管弦樂中，有如在大海中蕩漾的三葉小舟，一下子就被重重巨浪似的急管繁弦所吞噬了，就在若有所失的時候，又見小舟悠悠出現，彷彿在陌生的國度聽到母語，那種熟悉的感動和喜悅刹那間在心中揚起蕩開……。旋律在反覆穿插中，像流水揚長而去，不再回頭，只有陳達的「思想起」……依稀在心海中輕輕迴蕩……。

第二首演出史特勞斯的「第一號法國號協奏曲」，指揮由世界知名的指揮家亨利・梅哲擔任，並指揮至終場。本首曲目由黃韻真小姐擔綱吹奏的法國號在繁複緊密的管弦樂隊的包圍中，時而悠揚，時而低訴。但大多時候似在低低訴說一個遙遠的故事，訴說者似乎已沒有人間煙火味了，但卻還依依存有那份剪不斷的綿綿牽情。第三首是浦朗克的雙鋼琴協奏曲，由國內青年鋼琴家徐馨慧小姐、蔡世豪先生搭檔演出。在兩部豪華巨型的鋼琴上，二人二十個手指靈巧的在黑白鍵上游移，鏗鏘鏘揮灑出千變萬化的音符，技巧的純熟令人佩服，也令人驚覺後生可畏。第四首是柴柯夫斯基的「花之圓舞曲」，取材自芭蕾舞劇「胡桃鉗」組曲。當樂聲響起，眼前一幕中古時代的宮廷之舞便隨之揭開，穿著束腰大蓬裙的貴婦美女翩然婆娑起舞，活潑曼妙……恍惚間，自己也在宮廷中隨著音樂起步旋舞，……。第五、六首仍為柴柯夫斯基的作品：斯拉夫進行曲、一八一二序曲。兩首曲目有相同的背景，都是經歷戰爭的苦辛與最後勝利的歡呼。樂曲表現的手法非常相似。悠揚的豎琴的清音，以極佳的共鳴效果成為宣告和平的天籟。大鼓、小鼓配合著急管繁弦，突顯提振的力量，而管風琴渾然的包容力使得音樂的領域更形向外擴張推廣，在反復重疊的樂章中，大提琴、中提琴、小提琴好似萬弦齊發，銅樂、管樂與長短笛齊鳴，打擊樂器清亮的間奏，威震八方的咚隆鼓聲和鏗鏗然餘韻悠揚的鐃鈸聲，把勝利歡欣的場景循次提升與加快節奏，讓聽眾的情感也隨之慷慨沸騰，而就在樂聲與情感最高亢昂揚的時候，急管繁弦和咚隆的鼓聲戛然休止。安排的音樂節目已告終止，但大家的情緒正熾熱，在餘味不盡中，熱烈的掌聲和「安可」聲，再加上演出者渴盼再表演的目光，年邁瘦高的梅哲很難得的再現身，他親切和樂的神采，加上屹立音樂界卓越不凡的成就，老而彌堅的精神，早已博得全場的敬意。就在眾人期待中，他揚起指揮棒，為本行的九十週年行慶的安可曲再演出勝利歡慶的樂章。

本次行慶音樂會，台北愛樂室內及管弦樂團為配合演出，精心製作的曲目相當壯麗豪華，不但盡量表現各種樂器的特長，也綜合了音樂的多元性，加上演出者的精湛演技，及本行同仁及貴賓的熱烈參與，使音樂會的演出能如此圓滿成功，相信與會者永遠都會記得交通銀行在國家音樂廳舉行九十週年音樂會的那個晚上……。

八十六年四月十五日

# 達觀山之深秋

陳高德

幾十位期待已久的仰慕者，背著崇拜的心情，迎向青翠的山色，一路哼著懷念的老歌，尋著山腰蜿蜒的小徑，搖幌著西斜夕陽，溯溪而上，穿越山谷間的虹橋，進入綺麗的高山之境。當濛濛的山嵐撲面而來，車子已越過險峻的巴陵橋，突然路旁的電子告示牌上顯示—前方路基塌陷禁行大客車。一路愉悅的心立刻沉入谷底，運將在半信半疑中車子緩緩上山，不久到了達觀山的入山管理處，當地的管理員告知塌陷之路基已趕工修好，可放心渡假。原先低壓的情緒已然煙消雲散，繼續哼著歌向夜幕籠罩的山中前進，車行到達上巴陵之西門町，雖不見耀眼的霓虹燈，但見路旁餐廳旅館林立，人潮與車輛擠滿街道，彷彿忘了此是海拔近二千公尺的高山之上。大伙魚貫地下車改搭旅館派來的小車，很快地到達山頂下塌之處—綠野山莊。一出車外，眼見環繞在山莊的除了清涼的山嵐與低吟的蟲鳴外，便是一輪高掛天上清冷的深秋月色。迎向山嵐猛吸一口達觀山清新的空氣，精神為之一振，已忘了一路上山路險峻之苦。晚飯後，我們學著山上莊稼人家早睡的習慣，關掉電視，關掉山下選舉嘉年華的喧囂。熄掉電燈讓自己沉入山中的寂靜之夜，急思即早進入夢鄉，以蓄積精力，期待明朝可從容地享受達觀山迷人的山光水色。可是在暖和的被窩中，腦海竟一直重映著前塵往事，在寂靜之中，窗外傳來草叢中的蟲鳴和鄰床傳來伴著節奏的鼾聲，竟然輾轉反側徹夜未眠，是否近山情怯之故，抑是人在此山中心在深山外。不久東方露出魚肚白，起床更衣。為急於一親達觀山的芳澤，登上綠野山莊之頂樓，舉目四望，紅瓦白牆映在墨綠色晨霧中，頗有北歐高山度假山莊之姿。而遠處濃淡相疊的山巒浸在薄薄的晨曦中，好一個沒有雞鳴，沒有狗吠的靜謐山巔之晨。不久，太陽緩緩地從山的那一端躍起，射出熱情的眼神，追趕著山谷中未醒的薄霧和慵懶的山嵐，達觀山漸漸地甦醒過來。

早餐，是許久沒吃過的稀飯配醬菜花生，竟然那麼清新可口，只顧得添飯，竟忘了杯盤已見底。飯後大伙兒改換輕裝搭計程車前往達觀山自然保護區，車子在山崖邊急駛，幾個急轉彎，膽小的莫不嚇出一身冷汗來，還好很快就到達目的地。進入達觀山自然保護區，映入眼簾的是整個山谷在層層相疊的翠綠中點綴著一簇簇的楓紅，猶如一幅北國彩色風景畫。大伙兒沿著山谷邊的碎石步道前進，忽見林務局的標示牌矗立在道旁「一號神木往前一百公尺」，同伴加快腳步，眼前但見在一叢叢巨樹之中有棵特別挺拔碩大者，樹旁立著一塊木牌寫著「一號巨木，樹名紅檜，樹高四十一公尺，胸圍九・八公尺，樹齡一千七百年」，但見神木樹身蒼勁有力地衝向天際，生機仍然旺盛，樹身斑剝中有厥類植物寄生其上，頗具古趣。但略加深思，他竟然在三國時代已誕生，他竟然曾經親聞中原諸葛孔明借東風，火燒赤壁打敗曹操的硝煙味，使我頓生肅然起敬之心，連忙取出相機與之合影留念。

山中已有深秋的氣息，蜿蜒的碎石步道在山谷間曲折迴繞，夾道迎面而來的不是高聳入天的巨木，便是醉態掬人的楓紅夾雜其中，恣意地招攬著賞秋尋夢的旅人。而路旁滿地的楓葉有如秋天掉下來的淚珠，任由尋夢者撿拾、珍藏、懷念。尋夢者拾起了滿懷的夢想與希望，繼續往前走，二號神木，三號神木，四號、五號……接踵而來，每一棵都風姿綽約、古典、英武與神秘兼備。每一棵都是數百年甚至二千多年的歷史，是自小看著人類由野蠻而文明的古樹。人類在他們面前真是自慚形穢，至少他們聳立在此上千年而自得其樂，與世無爭又無私地涵養孕育著大地供人類無償地享用。不像人類只知濫墾濫伐，為私利而破壞大自然，而不好好珍惜這生我、養我的大地，惜福是不可得，貪婪而不知足者有之。人們或者需要懺悔要贖罪，尤其在這神木之前。

保護區內的參觀步道—檜香小徑，是逆時鐘方向，在山谷間大片還保護完整未遭人類砍伐的巨大神木群中展延開來。山谷中巨木林立幾乎遍地皆有幾人合抱的神木，但其中編有號碼的只有二十二棵，最年輕的有四百多年，最年長的二十一號神木已有二千七百年歷史，是誕生於周朝春秋時代的古樹，歷經戰國時代，秦王統一六國，楚漢相爭，漢唐盛世，宋元明清以至民國約二千多年的中國古文明的旁觀者，稱得上是先知。神木是如此珍貴，可惜人們不知愛惜，曾有人在十八號神木已有一千九百年的巨木之洞穴中烤肉，把神木燒焦，幸好他身軀龐大，另一邊仍生機乍現，繼續看著人類恣意地放縱著慾望。幸而林務局已用藩籬圍起來保護著他，樹頂還裝著避雷針以防雷電的侵襲。幾株醉飲秋風而已滿樹通紅的楓葉圍在神木身旁，似乎向神木吐露著渾身的熱情，向神木打氣，讓神木有生存的勇氣，激發出旺盛的鬥志和信心邁向未來，繼續為歷史作見證。尋夢者莫不在此歇腳與落難的神木及豔麗的楓樹合影。同伙們莫不以神木的堅強意志為榮，以多情的楓葉為傲，也期望人們記取教訓，多保護這些珍貴的瑰寶，多疼惜這塊大地。

在走走停停仔細欣賞過二十二棵巨木雄姿，穿過蔽蔭遮天的森林步道後又轉回了山谷中，園區內有販賣部門的休憩區，有一股來自山上清澈的泉水，淙淙地流下，管理當局在此設有幾台天然飲水台，供我們這些都市人飽嘗達觀山泉水的甘甜醇美，清涼有勁。泉水也散發出對人體有益的芬多精、陰離子，更濾盡人們心靈中的塵埃，讓我們容光煥發，神采飛揚。

三點七公里的參觀步道終於走完了，同行者無不意猶未盡，因為這片濃鬱的山林水色和璀璨的陽光有如一杯陳年老酒，真是不忍一口飲盡，仍思細細品嘗。但是預定參觀時間已到，只有收拾起對神木區一草一木的迷戀，走上歸程，但心中已脹滿楓葉火紅的深情、巨木紅檜的沈香及達觀山芬芳新鮮的空氣。回程是依依難捨，但腳步卻是輕盈的，雖然昨夜一夜未眠，但仍然是神采奕奕，心胸舒暢。即時搭上最後一輛計程車回旅館，一路是晴空萬里映照著青翠山巒，車子敏捷地在山腰小徑急馳，回到綠野山莊已是日正當中。午餐又是豐盛而愉悅的，飯後收拾行裝，大伙兒在山莊前與達觀山合影留念，然後漫步下山至上巴陵的西門町登車。遊覽車載著一車子的愉悅及滿足心情邁向歸程。車子在之字形的山路上依依不捨地層層下降，達觀山在險峻的山路中逐漸隱去。但是滿山的巨木和楓紅卻仍在腦海中盤旋，達觀山清涼純靜的泉水仍在心中溢出甘醇芬芳。

八十五年三月十五日

# 合歡山勁歌熱舞之約

莊淑琴

放春假的第一天，前往嚮往已久的霧峰，與多年不見的老友敘舊，次日並一起趕赴名歌手陳昇在合歡山上的演唱會。

前往合歡山的道路，一路蜿蜒，彷彿小女人般依偎在高壯的青山旁，我們的小型自用車TWINGO就在其間穿梭，輕盈而喜悅。偶而下車步行，踩著前人的步伐，迎面的清新空氣，和友人的幽默談吐，讓人身心暢快舒坦。座落於山頂的松雪樓，顧名思義，可以想像她在冬日輝映著松濤與白雪的美景！層層山巒巍然，老鷹展翅高飛，我們的眼光四處尋覓，深怕遺漏了任何老天的神奇造化。

抵達演唱會場，演唱會未開始，濃霧瀰漫的合歡山頭早已人山人海。您能想像嗎？四月天仍然寒風冷冽，可是熱情的歌迷依然不畏寒風，熱情如火，而我們也是其中之一。原定下午三點的演唱會拖到將近四點終於在千呼萬喚中開始，現場的氣氛隨著歌聲而鼓譟著（儘管在攝氏三度的低溫中），大夥兒的寒意被熱情的歌舞一掃而空。就在唱了四首熱身的勁歌後，突然間，舞台燈光、音響全部中斷，有人說是遊客因演唱會人潮造成嚴重塞車，久候不耐而切斷發電機電源以示抗議；同學則以為是演唱會安排的「特殊效果」……就在等待燈光重現之際，您知道嗎？下起雨來了，哦！不！打到有點痛，居然下的是「冰雹」。在整個山路因演唱會車潮而塞得動彈不得時，天公竟也毫不留情地發飆，於是也不知是天意或是人為因素，演唱會在安全考量下只得無窮盡的「延期」了。最喜歡陳昇唱情歌的我，竟然一首也沒聽到，真是十分失望，而其他歌迷也是離情依依。

所有的車子正耐心地等待下山，但我們前面那台寶貝車大概是仍然企盼演唱會能繼續進行，竟然發不動，我們啟動車子花了九牛二虎之力才幫它重燃生機，可是卻因此弄丟了我們車子的電瓶螺絲。好人難為，真想破口大罵了，我們可不想待在山上吹寒風！還好同伴想出好技倆，解決了問題。礙於天候，我們只能蜷縮在車內等待車流減緩，而窗外正有人不顧寒冷地與難得一見的冰雹留影。有一位機車騎士沒有雨衣正要冒雨下山，我們將雨衣送給他，希望發揮雪中送炭的精神。夜晚，飽餐一頓之後，滿足地借宿一所學校的宿舍（在最最渴望睡眠與休息之際），讓我們有體力進行第三天行程—清境農場。

「清境農場」，記憶中是枯黃的草皮與滿地的牛糞，而今天所見的是綠草如茵，如詩如畫的景緻，令我不停的按相機快門。我們更親自餵綿羊，拍下珍貴的鏡頭。「幼獅山莊」，名氣雖小於清境農場但景緻卻絲毫不遜色。有好多細心栽培的花兒，每一株皆玲瓏可愛，湖邊景色更是綺麗動人，令人神往，何以以前我們都忽略了這人間美境？在國民賓館附近的小路上，我們意外發現遍山的滿天星，這才體會出「數大就是美」的美。獲得花農的允許，我們撿了許多花農認為有瑕疵但仍十分美麗的滿天星，欣喜若狂！這也是我們首次發現原來滿天星有著淡淡幽香。大概因為平常我們只把她當玫瑰花的小跟班，而忽略了她那獨特的美吧！旁邊一棟歐式的小木屋，原木建築，陳設典雅古樸，令人有置身歐洲的錯覺，我們非得在此用餐後才肯與她道別。

這次合歡山之行，目的雖在欣賞名歌手的表演，但能藉此機會投入大自然的懷抱，洗滌身心，確是一件愉快的事。尤其親身體驗了造化的神奇—在滿山熱騰騰的人氣中下冰雹降溫—著實令人回味無窮；而此行的人、事、物，又那麼熟悉親切，令人彌足懷念，是以為記。

八十五年七月十五日

# 滿月圓之冬陽

陳高德

古云：仁者樂山，智者樂水。我雖非大仁大智之輩，但愛山樂水卻存乎自然之心。在一個灰濛濛、濕漉漉的臘月，一個因緣際會的組合，我們這一群虔誠的征服者，帶著姑且冒險一試的心，乘著陰濕的晨風，奔向滿月圓的山路。車子穿越青翠山嶺，沿著納仔溪畔溯溪而上。遠處山峰處漸露曙光，漸漸地，好奇的冬陽忍不住探頭窺視，糾纏大地許久的烏雲也漸羞澀地遁逸而去，原本陰霾的山谷頓時明亮溫煦。迎著清涼的晨風，到達滿月圓遊樂區，冬陽竟已喚醒大地佇候多時，大夥兒棄車背上乾糧踏上柔軟舒適的步道，大步向前迎上山的呼喚。雖然山崖邊菅芒花已漸凋零，步道旁楓紅也已紅顏褪盡，但是整個山谷仍是籠罩在層層翠綠和萬紫千紅之中，而那谷底潺潺溪水溫婉地穿越綿密林木和礁石，溪水是清澈如鏡，潔白可人。而那步道旁迎面而來的是大片柳杉木青翠挺拔，筆直恭敬且整齊列隊迎客。大伙兒頂著溫暖的冬陽，在歡笑聲中大步走過滿足小橋，接踵而來的是蜿蜒陡峭的山路，儘管濕滑的泥路巔簸難行，也檔不住征服者的熱情和執著。猛抬頭，遠處林梢的林木稀疏處，一道潔白的瀑布隱約可見，淙淙悅耳泉水聲正急促地催促著眾人的腳步，眾人更急切地衝向山巔林深處。只見一簾雪白的瀑布自天際青翠的林梢處傾瀉直下懸崖，在礁石中激起陣陣水花，漂向空中迎著冬陽是一粒粒的晶瑩。伊人的髮梢上沾滿串串鑽石般的水珠，像是那處女瀑布嬌羞又喜悅的淚珠，眾人在瀑布下，駐足欣賞處女瀑布的清純翠瀲，有人擺姿勢在水花中與礁石瀑布合影留念，也有人忙著取出乾糧，享受可口的滷味及甘甜的柑橘。大伙兒已然忘卻日昨仍是嚴寒蕭瑟的隆冬，在溫暖的陽光下流露出的歡樂叫聲、笑聲伴隨著瀑布清脆的瀉地聲，交織成一首處女瀑布的冬陽交響曲。

大夥兒帶著滷味的齒頰留香及頭上頂著粒粒晶瑩的水珠，背起背包轉身向著目的地—滿月圓瀑布前進。陽光穿越樹梢，照在青翠的山谷裡，映在充滿歡樂的臉龐上，露出愉悅的光輝。在一串串笑聲中步上觀瀑亭，遠處可見造物者神奇地在山崖邊用力劃一下痕，一股山泉白晰地衝下山谷，潔白的瀑布與翠綠的林木相輝映。大夥兒迫不及待的衝下台階，走過小巧的滿月小橋，但見滿月圓瀑布已近在眼前；它似嬌羞的新娘，隱匿在濃密的林葉身後，躍入溪水中享受溪澗中的清涼。在攝取滿月圓瀑布的美景後，大伙兒急忙地爬上陡峭的石階，登上瀑布的源頭，那是一片由一塊塊大岩石台地，中間由清澈的溪水劃分成兩個高低不同的平台。大伙兒個個身輕如燕地飛躍過溪流，在那一大片較平坦傍著溪水的岩地上就地休憩。大夥兒卸下背包取出了雞翅、滷味、野餐盒、橘子等，繼續充填未完的慾望。隨後有人在石板上玩撲克牌，放鬆心情，享受著都市生活中少有的陽光、溪水、野餐。正是一個忙裡偷閒的原野之午。眾人徜徉在一片純淨樸拙、靜謐的溪谷冬陽之中，把都市的塵囂拋到九霄雲外。接著，有人脫下鞋襪把腳伸進沁入心扉的清涼溪水中戲水，重享兒時歡樂。有人童心未泯地把麵包屑丟進溪水中，看著苦花魚和綢魚在清澈見底的溪水中貪婪地覓食，此時魚兒竟越聚越多，始知「水清無魚」這句成語的可笑。而那小巧可愛成群結隊的魚兒，圍著麵包屑追逐翻滾狼吞虎嚥，令我悟出了不只是「民以食為天」，而是生物皆以食為天，才是普遍的真理。餵飽了魚兒，玩膩了撲克牌，大夥兒打理行裝，收拾起背包，只見個個腳步輕盈，原來山下帶來大包的沉重的糧食已大部份落胃為安，踏著輕盈的步伐準備向靜謐的山谷說再見。回程大伙兒決定改走自導式步道，於是穿越一片原始林木走上一座小型吊橋，那樸拙的原木吊橋惹來俏皮者在橋上又跳又叫，想嚇唬膽小者，可惜吊橋不長，震撼效果不佳，但短暫的放縱自己之樂趣卻是得到了。穿越吊橋，綠竹林迎面而來，琉球松緊接在後，而後柳杉木更有如千軍萬馬地整齊排列，蔽天遮地綿延不絕，陽光已被隔絕在外，此時林中傳來陣陣「啾啾」的鳥叫聲，卻只聞其聲而不見其影，也分不出是翠鳥、五色鳥或是白耳畫眉的求偶聲，只知在這靜謐的山谷中，此起彼落鳥叫聲真是清脆悅耳，這或許是親近大自然的恩賜吧！自導式步道是沿著半山腰穿越一大片青翠的林木，途中各種林相櫛比鱗次出現，而以柳杉木佔大宗，忽而大夥兒發現林務局擺設的木牌上寫著「腎蕨」兩個字，旁邊卻未見任何醒目的植物，找了半天，大伙兒滿腹狐疑，不知腎蕨為何物。突然俏皮者指著一棵杉木上寄生著爬藤類植物，兩葉對生狀似兩個腎臟的植物為「腎蕨」，當大夥兒正在半信半疑之際，不久前方出現林務局另一個木牌上寫著「腎蕨乃寄生爬藤類植物，兩葉對生狀似腎臟……」，果真旁邊柳杉樹上又爬滿這種小巧可愛的植物，大夥兒正在讚嘆造物者之神奇之際，俏皮者拋來一句「不要崇拜我」的得意銀鈴般的笑聲，引來一陣狂笑。此時林中也傳來陣陣「啾啾」的叫聲，此起彼落，似乎鳥兒也在給予掌聲及分享快樂吧！自導式步道林相當純樸，柳杉之後是一片雜林，最後是一片楓葉林，忽而有人說應是槭樹，正在爭論之際，林務局的說明牌子上寫著「楓葉乃葉子掌狀對生，槭樹則葉子互生……」。大伙兒恍然大悟，也免費地又上了一堂生物課。這一條自導式步道，不但讓我們享受了森林浴，也讓我們得到許多植物的新知識，真是不虛此行。自導式步道終於結束了，又回到邁向出口沿著溪邊的主步道，此時烏雲已自四面八方聚攏而來，冬陽已漸漸收起笑容，大伙兒加緊腳步沿著溪邊的步道走向出口。回首望向滿月圓的山谷，整個山谷雖處於隆冬時節，但是滿月圓的山景卻是整片翠綠中點綴著幾簇紅黃色彩，拼湊成一幅多彩多姿的綺麗景象，而嗅不出幾絲隆冬的蕭瑟氣息，難怪幾百年前葡萄牙人一直讚我為福爾摩沙－美麗之島，如今國人經常花鉅資出國旅遊，但國內如此美景隨處可見，國人卻常棄之如敝屣，捨近而求遠，可真是蹧蹋上帝的恩賜啊！離情是依依，心情卻是愉悅的。車子順著山谷滑行而下，濃霧自山嶺直撲而來，雨珠冷冷地敲打在車窗上，寒風瑟瑟地迎面撲來，青山綠水正霧濛濛地一幕幕往後翻轉，而滿月圓迷人的瀑布及潺潺流水聲一直在心中蕩漾，處女瀑布晶瑩剔透的水珠仍在心海中飛舞盤旋。回首近月來始終嚴寒多雨，今日究竟是巧遇，或是大夥兒修來的福氣，心中卻不能不存感激。滿月圓充滿善意的冬陽，竟能適時地照亮我們的旅程，使我們的假期在寒冬中意外地享受溫煦亮麗的一天。

八十六年七月十五日

# 我的故鄉澎湖

葉美麗

我是在澎湖農家長大的。小時候，因為澎湖沒有電，也沒有自來水，更沒有瓦斯爐做飯，所以需要上山尋找木柴。我大都利用星期日與幾位好同學相邀上山撿柴。有一天，我們去了瞭望山，因是兵營駐紮所在，管制出入，更不可能任人前去撿柴。為了生活所需，我們還是冒險一試。當我們撿得忘我時，忽然來了一位阿兵哥。他拿著一根棍子邊趕邊罵：「再跑就打死妳們！」一個同學嚇得跌倒了，並撞掉了一顆大門牙。一見她跌倒在地，我們也跟著釘在原地不敢造次。後來那位阿兵哥追上我們，將我們每人罰打三下。雖然被打得很痛，很想哭，但看到那個跌坐在地的同學手捧著掉牙的模樣，又想笑。直至今日，想起當年的情景，仍不禁莞爾。

前些日子利用放假重遊故鄉—澎湖。一到家，鄰居們見面即親切地寒暄：「你們回來了！」我說：「是啊！」簡單地言語，卻有深深的鄉土的歸屬感。他們那種與世無爭，知足常樂的模樣，使我從心底感受到一股深切的溫暖。後來他們紛紛的送魚、送澎湖特產哈蜜瓜來，我兒子說：「怪不得舅舅不敢吃魚，就是魚看多看怕了。」我說：「不是，你舅舅是從小就不敢吃魚，這裡的魚可是又新鮮又好吃。」

第二天，我帶著孩子們到海邊玩。大海是那麼藍，一望無際；水又清澈可掬，直可一覽無遺。與都市海岸相較，真有天壤之別。那種大自然原始的景色，實在是太美了！沒有人車的吵雜，也沒有工業的污染，在這裡可以呼吸最新鮮的空氣，可以自由的徜徉在最浪漫的沙灘上。雖然有人說：「外國的月亮比較圓，而我卻深深覺得月是故鄉明。」坐在澎湖灣的白色沙灘上，像是進入了忘憂谷，不知不覺唱起一首歌。這首歌是利用望春風的曲調改編的歌詞：「人生七十才開始，八十滿滿是。九十算來沒稀奇，一百笑嘻嘻。六十正是少年時，五十囝仔嬰。四十睡在搖籃裡，三十才出世。有緣做伙來上班，放下家內事。不會要來問上司，大家來鼓勵。爾問歲頭有多少，互相來疼惜。惜緣惜福又顧家，幸福沒問題。」唱著，唱著，彷彿間，自己變得好年輕！

第三天我們準備回高雄，在前往機場的路途上，一面看著車窗外的風景，一面想著澎湖的七美島、鯨魚洞、林投公園、跨海大橋，還有觀音亭的情人路……等等，不覺依依難捨。

澎湖有許多美景，是旅遊的好所在，希望沒到過澎湖的人能來此一遊，體會一下與大自然、大海洋為伍的時光，相信會讓您終生難忘。

八十五年十月十五日

# 念父親

張詠涵

爸爸，涵涵回來送您了。過去這十幾年來，我們聚少離多，前因爸爸調職新加坡，公務繁忙，抽身不易；後因女兒出國唸書，又在海外結婚生子與工作，從此，一家人極難得才能團聚一堂。去年六月您赴美國開會，結束後請休假，在聖荷西女兒家小待數日。弟弟詠傑從洛杉磯趕來，媽媽也在同時休假數日，前來一聚；詠傑就驚嘆說我們一家人前一次的團聚竟是五年前，女兒與文耀在舊金山舉行婚禮的那一次。詠傑預計今年十一月份參加UCLA電機工程的博士口試，一家人還計劃著在十一月底感恩節時，再團聚一堂，來慶祝弟弟學業的大功告成。您卻在這時候突然的去了，讓身旁所有的人都措手不及，連想挽留住您的機會與時間都沒有。

爸爸，我們父女倆雖然是長達十四年的時空隔離，但是在女兒的心裡，卻感覺爸爸一直都在涵涵的周圍，安靜的聆聽，小心的呵護著；那股血脈相連的父女默契，從不曾因時空而沖淡。我們一家四口每週通電話，互相噓寒問暖，告知近況，父母的關懷就是兒女在海外求學打拼的精神支柱和避風港。爸爸的性格沈默內斂，每每不到關頭，絕不開金口，但就是因為這樣，爸爸一旦有所訓示或提出忠告，詠傑和涵涵便會萬分珍惜並畢生難忘。

爸爸對子女疼愛的方式是無比的細膩與深沉，當年因沒有手提錄影機，您便用錄音機為女兒和詠傑錄下寶貴的聲音，從我們嬰兒時代的哭聲、幼兒時代呀呀學語之聲以及後來以童稚的聲音接受爸爸的錄音訪問，並五音不全的對著麥克風又說又唱。多年以來，您將這些錄音帶細心收藏著，您同時也用照相機為我們拍攝下從小成長的過程。在涵涵結婚當天，爸爸送給女兒的禮物，便是兩卷精心剪輯的錄音帶，和一冊女兒自出生到成人的相冊，其中收錄記載著女兒成長的點點滴滴。

記得小時候剛學注音符號，當時教學工具並不如今日發達，爸爸卻已想到自己剪成小卡片，將注音符號一一寫在每張卡片上，然後拼湊起來教女兒練習拼音，既有趣又容易學；然後的算術和英文，爸爸也無一不親自教導。還記得每天晚餐後，總是全家一起由信義路的老家散步到台北仁愛路中視公司對面安全島的噴水池，或是走到國父紀念館。爸爸在白天奉獻自己努力工作，下班後便全心投入家庭和孩子。爸爸因自小艱苦環境的磨鍊，除了養成刻苦節儉、寬厚體諒的性格外，並練就了燒一手好菜的本事。涵涵和詠傑就是每晚吃媽媽炒的素菜，爸爸燒的葷菜之下，營養過盛的產物。爸爸雖然用行動表達對兒女無比的愛，但對於我們的幼年教育卻是嚴謹的—不准吃零食、不准看雜書，電視節目更是除了新聞與知識性節目外，一律不准收看。如此嚴格管教至兒女成長到有能力自己辨認是非善惡之後，便給予我們完全的信任，以無為而治之道，讓兒女有充分自由的發展與選擇，除了傾聽和適時的給予意見與指點外，爸爸從不以強迫或命令的方式帶給兒女壓力，造就了我們獨立的性格。

爸爸對人對事都是那麼的用心，惜福惜緣。涵涵和詠傑長大後因求學各在一方，父親也因公忙常在世界各地開會，爸爸每到一處，涵涵和詠傑便會收到一張當地的風景明信片，以及明信片上留下的片言隻語，為您踏足世界各地的行腳，留下一點痕跡，也讓兒女的心中充滿著您父愛所散發的溫暖。我們一家四口雖分散在天涯海角，您卻以您那獨特的方式，無聲的傳遞著對我們的牽掛，把一家人的感情緊緊的繫在一起。

自您走後，多次午夜夢迴，爸爸來到夢中，那渾厚慈愛的聲音，那從容沉著的面容，和那大大暖暖的雙手，每每讓女兒在恍惚之間，誤將夢當成真，真當成夢，直到醒覺過來，才跌進冷酷的現實中。老天爺在這轉瞬之間，帶走了我們家的擎天柱，您是媽媽的天，詠傑和涵涵生命的導師。您的愛，造就了這麼個幸福的家庭，也造就了今日的詠傑和詠涵。如今失去您，那切膚般之愴痛，豈是可以言喻，更是無從填補的。

爸爸，您的這一生，少年艱苦，勤奮上進。及長擔任公職，克盡本份，正直誠懇。在家中，您是一等一的好丈夫、好父親，以身教做子女的楷模，對子女只有付出，從不問回報。如今，您走的時候，竟也是瀟灑乾脆，一如您一向為人處世的哲學。爸爸，您用心的作完了這一生的功課，對工作，對家庭，對朋友，也對自己繳了個滿分。詠傑和詠涵何其有幸身為您的兒女，接受您的教化和提攜。我們會帶著您對我們的愛，謹記著您對我們的教誨，努力的在做人做事方面向您學習。弟弟詠傑現在正努力完成他這個月的博士口試，以行動來報答您一生對他的養育與栽培；

相信詠傑必能順利通過考試，達成心願，以慰您在天之靈。爸爸，您請放心，我們會堅強，會好好照顧自己，也會孝順照顧一直與您相知相守的媽媽。爸爸，您請安息，雖然您在天上，我們在人間，我們一家人的心，仍將永遠緊緊的繫在一起。

八十五年十一月十五日

# 公車奇遇

許文卉

記得那天寒流又來了，乘車的學生也較平常多了。上車之後，幸好還有最後一排可坐，我拿起書本正要閱讀時，身旁一位老先生拍著我的肩膀對著我說：「年輕人，趁著有心讀書，趁著環境允許，把握青春，用功點！」他說話口氣平易近人，慈祥和藹。我對他只是回以一個微笑，當我要回到課本的時候，他溫和親切的語氣頓然全失，取而代之的是認真嚴肅的態度，炯炯有神的雙眼注視著窗外，感覺到他似乎要告訴我一些往事……

抗戰的時候，三天兩頭就遷校，男孩子必須背著女孩子跟著軍隊撤退，日夜跋涉，沒有一晚是安心入睡直到天明的。十八歲的我，一有空出來的時間，總是不停地看書，看得越多，越覺得不夠，矛盾的是，反正日子不多了，看書有何用？下一餐在那裡還不知道呢！不過我還是不忘父親的叮嚀：「書是你一輩子忠實不移的朋友，只要你去找他，你就會長大，人的成長是永不止息的。」雖然害怕的感覺隨著未定的戰事揮之不去，但我始終沒有放棄讀書。

後來上了大學，進入哲學系，才真正體會到父親的話，也才驚覺自己所涉獵的知識是如此的不足。當他說完艱苦的求學歷程才漸漸緩和嚴肅的氣氛，變得較輕鬆。「徐志摩妳認識吧？」我笑了，「嗯，我很喜歡他。」此刻的我，第一次為塞車感到興奮，眼前這位氣宇不凡的長者，是如此令我醉心，如此讓我景仰。他繼續望著下著雨的窗外……

徐志摩，一位負責的老師，也是一個時髦的男人。他十分重視學生穿著的整潔。記得有一次我來不及燙襯衫，披著西裝便趕去上課，微皺的領子被他瞧見，二話不說馬上暫停講課，把我叫起來訓斥一頓，你會感覺自己服裝不整是件極為羞恥的事。從此，整齊乾淨的穿著便成了我的寫照。那時社會抨擊他與陸小曼之間的關係，使得他必須背負著輿論的壓力，雖然十分沈重，但是他仍然不懈地認真授課，讓我深思不已的是：姑且不論他們是否違背倫理道德，至少，他知道自己情感是真實的，付出是誠摯的，感動是溫馨的，也許他後來驚覺自己沒有獲得對等的愛，甚至犧牲了自己最可貴的生命，唉……只能說造化弄人吧！

當時校內傳出一件極為轟動的交易，一位堪稱數學權威的教授，因為經濟匱乏，而把自己的頭腦預先賣給外國人，以換取五萬元來度日。我聽了好訝異，一連問了三次「真的嗎？」「千真萬確！」老先生露出可愛的笑容，不厭其煩地回答我。此時的他，又回到初遇時那般和氣迎人的態度，他並再次以長輩的身份告訴我：「趁著年輕，用功讀書，每一種知識都不要放棄學習的機會，但別忘了去思考那些才是妳要的，把它轉化換成妳的人生哲學，這樣你便能成為一個有智慧的人。」

一個小時就在他回憶往昔以及鼓勵我的話語當中匆匆流逝。我們一同下車，寒流侵襲著來回穿梭的人們，絲絲細雨劃過我的臉，颼颼的寒風吹來，冷意依舊，但此刻我的心卻因這段公車奇遇而溫暖不已，腦海中徘徊著徐志摩的影像以及老先生挺拔的模樣，當我要向他說聲謝謝時，撐著大傘的他，已漸漸消失在擾嚷的人群中，我連一句再見也來不及說了……

漫步在靜謐的校園中，一陣陣老師講課的聲音從教室一間間傳來，但在我耳邊縈繞的聲音卻是老先生低沉富磁性的聲音，是他的以往、他的經歷、他的叮嚀、和他的鼓勵隨著冷風在我耳際迴蕩不已，但不是產生涼意，而是感動。在這個忙碌的社會中，我竟然與一位走過歷史的人不期而遇，彷彿我也參與了他艱辛卻燦爛的過去。他的成長過程給了我無限惆悵；他的學校點滴帶給我無比新奇；他的處世態度賜予我莫大鼓舞；而他的博學睿智給予我莫大嚮往。

回憶往事時的他，有著堅毅的眼神、豐富的表情，深切的口吻透露出一股認真的態度和對人生的執著，但也同時傳遞出一絲對命運的妥協和感慨。讓我感動不已的是：如今年邁的他能把持著自己獨特的入世情懷，和有緣人一同分享，甚至能適時主動地勉勵周圍的人。感染他充滿智慧的氣息，有如學者般的風範，讓我心中有一股踏實穩重的感覺，且容我珍藏這一霎那的緣份，成為我生命璀璨的扉頁。

八十六年七月十五日

# 捉鳥記

陳高德

「啾啾─啾啾──」之聲不絕於耳，終於吵醒了我的初春之夢。陽光已斜照在窗櫺上，一個慵懶的假日，一個春天的早晨，在車水馬龍的都市叢林中，竟有如此既陌生又熟悉的鳥叫聲，真讓我精神為之一振，抖落睡神，翻身起床，推窗一望，原來昨夜新栽的四季蘭花盆上有兩隻麻雀正在覓食，而對街那一叢南洋橡樹也聚集著一群麻雀正在吱吱喳喳地叫個不停。在這都市水泥叢林中竟然也有鄉村裡常見的麻雀叫春圖，誠然叫我喜出望外。鳥類是人類古老的朋友，自古有人養鳥自娛，近代人類學鳥類飛翔而發明了飛機，甚至太空梭。鳥類不但是人類益友甚至間接促進人類文明進步，而在另一方面鳥類的靈性也與人類無分軒輊，童年時的一段有關鳥的故事，記憶雖已久遠，但仍清晰如日昨之情景。

記得童年時期的鄉村生活是沒有假期的，寒暑假正是農忙時期，除草、放牛、收割等工作是永遠做不完的，但閒暇時捉蜻蜓、釣青蛙、撈小魚、捕蚱蜢等成了我們最好的娛樂，有時與鄰居小孩們一起解剖青蛙、煮小魚吃也是常有的遊戲，鄉村的生活雖然辛苦，但終日與泥土大自然為伍，卻也有一份樸素踏實之感。記得國小四年級那年的暑假剛放過一半左右，田裡的稻子剛收完畢，到處都是一堆堆的稻草堆。有一天收音機播著「××颱風要來了要儘早做好防颱準備」，那是一個黃昏的時候，紅霞照滿天邊，烏雲低飛而快速，旗杆上的旗子正猛烈搖動且「剝剝作響」，大有暴風雨來襲的徵兆，我與三弟剛在釣完青蛙的歸途中，田壟上的竹林被風吹得前俯後仰，人走在田梗上也得彎腰前進，風聲瀟瀟伴著細雨，突然看到竹林下有一個鳥巢掉在地上，翻開一看，鳥蛋已全破碎，真是覆巢之下無完卵。正在可惜之際，三弟又發現竹枝上還有一個鳥巢，被風吹得搖搖欲墜，我伸手拉下竹枝，三弟伸手一抓，鳥巢已掉在手中，他探頭一望說：「哥，裡面有好幾隻小鳥耶。」我接過鳥巢，鳥巢是以細稻草織成，巢中有五隻剛孵化尚未長出羽毛的小鳥仔及一些已弄碎的蛋殼，小鳥的眼睛尚未張開，但見一隻隻鼓著圓滾滾半透明的肚子及張著大大的嘴巴，一副飢餓難耐的模樣，三弟說：「牠們好像很餓，怎麼辦？」天空吹著強風又下著細雨，眼看牠們已危在旦夕，我說：「不曉得牠們能吃什麼東西？」三弟說：「可能吃小蟲，上次我看過一隻母鳥銜著小蟲飛到鳥窩去餵小鳥。」我說：「現在風雨這麼大，到那兒去捉小蟲餵牠們。」三弟說：「也許飯粒或小米粒牠們可以吃得下。」我說：「可是如果大人發現會罵我們的，尤其媽一向禁止我們捉小鳥。」三弟說：「我們偷偷帶回家不讓大人知道。」我心想如果把鳥巢放回竹叢可能也逃不過這次的強風豪雨，放牠們回去，可能難逃一死，如果捉回去則家裡有上回養十姊妹廢棄的鳥籠，可能可以派上用場，但是要避開大人的目光可沒那麼容易。我對三弟說：「好吧，那就把牠們帶回家吧，可別再像上回解剖青蛙一樣剖了牠們的皮。」三弟說：「不會啦。」我說：「不要被大人看到，否則老哥一定只有挨揍的份，還有三餐準時餵食牠們你可願意？」三弟說：「沒問題。」三弟一向對養小鳥、小蟲、釣魚比我在行又有興趣。我只好把養育的重任放在他身上，對於養活牠們較有把握，但是喜歡解剖小動物也是他的癖好，我也必須防他這一點。於是三弟把斗笠摘下放在手上，把鳥巢放進其中，再摘兩葉芋頭葉子蓋好抱在胸膛，頂著強風淋著雨，兩人快步跑回家。

回到家，把釣好的青蛙放進水缸後，直奔我家後院的閣樓上，幸好大人們沒看到，找到了幾年前閒置的鳥籠，再找來一些破布權充牠們的窩，因原來的鳥巢早已淋濕又有些破洞，只好丟棄。因此就在閣樓上的窗戶邊擺著鳥籠，當作牠們暫時的家，找來一個空魚罐頭鐵盒子裝水，找到一支塑膠小湯匙，三弟又去廚房拿一團中午的剩飯，衝上閣樓。此時籠中小鳥仔蜷伏在暖和的破布堆中，暴風雨已隔在窗外，牠們似乎已不再顫抖了，但是飢餓的張開大嘴巴，向上擺動要食物的姿勢卻是不變。三弟把飯粒捏成一小塊放進小鳥的嘴巴中，但見小鳥狼吞虎嚥，一下子飯粒就不見蹤影。對著五隻小鳥輪流餵食，眼看人吃的飯粒也合牠們胃口，真是高興極了。餵了幾回合，我用小湯匙舀起一些水滴在牠們張大的嘴巴中，竟然也消化了。折騰了一陣子，那一團飯粒也快餵光了，小鳥們好像也漸漸不再那麼飢餓了，有幾隻已吃飽後睡著了。此時窗外風雨交加，風勢逐漸增強，狂風暴雨正侵擾著大地，母親喊著我們下樓吃晚飯，電燈也突然熄了，我與三弟摸黑下樓，深怕母親上樓看見了「我們做的好事」。晚上是個燭光晚餐，窗外狂風驟雨震天價響，樹枝天搖地動，屋內燭光閃動。此時才感覺出家的可貴，心想閣樓上，那些小鳥或許命不該絕，如今已在破布堆睡覺，但是能否養活牠們卻是一個未知數。

隔天一大早天剛亮，屋外雨勢強大，到處是雨水滴在臉盆上的「滴滴答答聲」、瓦片吹落地上的爆裂聲及樹枝被吹落地上的撞擊聲，是一個台灣夏季典型的颱風天景象。當我想起昨晚捉回的小鳥，趕緊帶些飯粒衝上後院閣樓上，原來三弟早已經在那裡餵食牠們了。三弟說：「哥，牠們已經吃飽了，又在睡覺了耶。」心想三弟天生與小動物有緣，這樣也好，我倒可省事。三弟又說：「哥，等天氣放晴後，我們去竹林裡抓些小蟲來餵牠們，可能會長得更快。」小蟲雖不會咬人，但毛茸茸的小蟲，我一向是避之唯恐不及，要抓牠們是有點困難，我說：「我陪你去抓是可以，但抓小蟲還是你在行，我負責拿紙盒好了。」三弟回答說：「好啊！但是風雨這麼大，要天氣放晴也還真不容易。」我說：「颱風二三天就過去了，也不會等太久。目前飯粒也可以讓牠們活下去。」

颱風大約二十四小時就過去了，但接著下來的雨勢不斷，直到第三天早上，太陽才露臉，一大早，我與三弟踏著滿目瘡痍的地面，跨過許多橫倒地面的樹枝，走進後院晒穀場旁的竹林，竹林已東倒西歪，竹幹被吹折倒地者交錯其間，一片荒涼景象。三弟身手矯健地鑽進竹林，眼睛往竹葉上搜尋獵物—小蟲，但颱風過後竹葉多半被掃落地面或是殘破不堪，真是看不到小蟲的蹤跡。三弟鑽進鑽出，只是一直找不到包著小蟲的竹葉，我趁機摘了一些折斷的嫩竹筍，心想找不到小蟲拿些嫩竹筍回去，給媽炒了當午餐佳餚，也不枉此行。太陽已高掛天空，三弟忙進忙出汗珠掛滿臉上，但仍找不到那平常時常見包著小蟲的竹葉，三弟說：「哥，小蟲都被颱風刮走了怎麼辦？」我說：「沒關係，反正飯粒牠們也滿喜歡吃的，回去吧。」於是兄弟倆抱著竹筍回家，把竹筍交給媽後，二人又拿了些飯粒及水飛奔上閣樓，三弟忙著餵小鳥們米飯，我忙著餵牠們喝水，二人成了牠們的免費褓姆。

過了兩三個大晴天後的一個早上，三弟終於在竹林裡抓到幾條小蟲。當兩人興高彩烈的帶著小蟲上閣樓時，突然看到放鳥籠的窗戶邊有一隻稍大的麻雀，在那兒東張西望，三弟說：「哥，不要動。」兩人躲在一個大紙箱後面，但是兩個小腦袋各伸向一旁，注視著那隻鳥的舉動，我發現在鳥籠旁有人撒了一些米，米粒旁邊還有一個葫蘆水瓢被一隻竹棒撐開著，竹棒上綁了一條線，而線一直延伸到紙箱後，回頭看向三弟，他手裡正抓緊那條線，這時我才恍然大悟。我問三弟：「你要抓牠。」三弟說：「噓，不要太大聲，我昨天看過牠也在那裡走來走去，今天可能抓到牠。」我再看向窗戶時才發現，那隻鳥嘴上銜著一條蟲，並沒有吃樓板上的米粒，而走近鳥籠。而更奇怪的是牠竟然把小蟲放進小鳥張得大大的嘴裡，然後返身走向窗檯上，回頭望了一下鳥籠，最後振翅飛向窗外的樹枝上去了。這突如其來的景象真是令我困惑不已，那隻鳥到底是誰？跟這些小鳥有什麼關係？為何牠要抓小蟲來餵牠們？這一連串的問題真令我百思不得其解，三弟也在困惑一陣後說：「哥，你看會不會是牠們的媽媽啊？」三弟喜歡抓小鳥的習性仍不改，但牠一向喜歡跟這些小動物打交道，對這些小鳥的習性的了解比我強多了。我只能附和著說：「可能是吧，要不然怎麼會有這麼熱心的鳥呢？」我記得母親一再交待不能抓鳥，因為鳥是有靈性的動物，如果抓了小鳥，母鳥一定非常傷心。如今那隻可能是傷心的母鳥已經找到這裡來餵食牠的小鳥了，媽媽一向口中鳥的靈性，這時已令我大開眼界了。我和三弟走近鳥籠，小鳥們顯然尚未吃飽，每隻都張大嘴巴伸向空中要東西吃。原來早上忙著抓小蟲，卻忘了餵食飯粒。三弟忙著把抓來的小蟲用小刀切成一小段一小段，然後用竹筷子夾著送進小鳥的口中，我則忙著用小湯匙搖些水送進小鳥的大嘴巴中。當我們把牠們餵得差不多飽了，正準備下樓，卻看見那隻大麻雀又飛來停在窗口上，嘴裡又銜著一條蟲。我和三弟趕緊要後退到紙箱後面，但是牠看到我們走動的動作，嚇得又飛到窗外的樹枝上東張西望。我與三弟馬上躲在木箱後不敢動，但小腦袋好奇地探出去觀察母鳥的動靜，當牠料定屋內已無動靜又飛到窗檯上，左右望了一下，才走向鳥籠，把小蟲放進小鳥的嘴巴中然後又張望了幾下，才又走向窗檯，飛向窗外樹枝上，然後消失在樹林中。看來牠一定是那一隻痛失愛子的母鳥，牠現在正找到了失而復得的愛子而且正在履行母親的責任。我對三弟說：「三弟，把那抓鳥的葫蘆瓢拿掉好嗎？」三弟勉強地說：「好吧。」我說：「媽已經知道我們樓上養鳥，但是經過我跟她解釋，這次我們是在風雨中救了牠們一命，而且我向媽保證絕不會解剖牠們，現在那隻大的肯定是牠們的母親，不要抓牠，牠還可以幫我們餵小鳥耶。」三弟說：「這樣也好，我也可以少抓一些蟲。」此後上樓時都會躡手躡腳地，然後先探頭看看母鳥是否在場，如果在的話只有躲在紙箱後面偷看牠餵食小鳥的畫面。因此往後的餵食工作由牠分擔了不少，我們餵食的工作也輕鬆多了。

日子就在那隻母鳥與我們輪流餵食小鳥的情況下一天天溜過，小鳥的眼睛漸漸張開來了，羽毛也愈長愈茂盛，也漸漸地能走動了。有一天中午，三弟把鳥籠的門關上，深怕牠們走出鳥籠而走失。我跟三弟說：「你把牠關上，待會兒牠們的媽要餵牠們時可怎麼辦？」三弟說：「沒問題的，鳥籠的縫隙很大。」當我們把牠們餵得差不多正準備下樓，窗外那隻母鳥又出現了，我倆很快躲在紙箱後，眼看那隻母鳥又銜著一條小蟲飛進來，當牠走向鳥籠準備餵食的時候，卻不得其門而入，但牠很快地繞到旁邊接近那些張嘴要吃的小鳥，終於在較寬的縫中餵食那些貪吃的小鳥，只是牠臉上有一副疑惑表情，鳥的智慧真是不可忽視。往後牠餵食的工作如常，我們也省了不少力氣。日子一天天過，鳥兒也漸漸長大，胃口也較大，但見牠的餵食次數也較頻繁，此時小鳥也已經會搶食了，因此每當餵食時都有一陣吵雜的叫聲。再過一個禮拜，小鳥們已學會在籠子裡振翅起飛了，雖然跌跌撞撞，但牠們似乎樂此不疲，又過了幾天，有幾隻已經飛得相當好，褐色的羽毛振翅在空中拍打，身軀在空中漂浮，雖然時間不長，但畢竟是會飛了。

一個紅霞滿天的黃昏，我與三弟從田裡釣小青蛙歸來，路上又見烏雲飛得又低又快，遠處炊煙裊裊，在村莊裡眼看許多大人忙著用磚頭繩子正在做固定屋頂的防颱準備。回到家，收音機又傳來「××颱風即將登陸，請做好防颱準備」。亞熱帶的台灣，夏季的颱風真像家常便飯，還好它往往帶來充沛的雨水，颱風是農村的破壞者，但往往也是供給灌溉水的好幫手，造物者的奇妙莫此為甚。隔天果真又是天搖地動，強風豪雨，屋外的林木枝葉又被摧殘得面目全非，大人們正苦惱著農作物的損失，小孩卻樂得免費放一天颱風假，不用下田工作。但遺憾的是也不能到竹林抓小蟲，看來小鳥兒們又得餓肚子了。三弟又取了一些飯粒上樓餵小鳥，鳥兒已長大，只要放在籠內地板上，牠們便知道去覓食，倒也省事多了，只是吃蟲慣了再吃米飯似乎有點心不甘情不願，但也無可奈何，颱風天的到來又不是我所能控制。窗外風聲雨聲震天價響，小鳥們在屋內還有暖窩可居，算是得天獨厚了。一整天下來，那隻天天報到的母鳥竟然不見蹤影，莫非被颱風嚇走或吹跑了？小鳥們似乎也是無精打彩，是一種失去母愛的憂傷或是吃米飯之不習慣？第三天，颱風過後雖然大地滿目瘡痍，但陽光露臉，中午時分我與三弟上樓餵小鳥時，又看到那隻可敬的母鳥，又銜著一條小蟲飛進屋內餵牠的寶貝小鳥了，在那強風豪雨中竟能逃過一劫，且又不忘子女之安危，趕來克盡母親的職責，鳥類的靈性，真叫我驚奇。

接下來又是那隻母鳥與我們兄弟倆輪流餵食小鳥的日子。與鳥相處的日子過得特別快，一轉眼暑假就要結束了，眼看就要開學了，屆時沒有時間照顧小鳥，況且牠們也已經長大了，是該還牠們自由讓牠們到外面去遨翔才對。有一天，我跟三弟說：「三弟，我們即將開學，以後恐怕沒時間餵牠們，況且牠們已經會飛了，應該可以放走牠們了。」三弟說：「放走牠們那以後還可以看到牠們嗎？」我說：「鳥兒有牠們自己的世界，放牠們走也是我們當初的願望，以後能否再見到牠們，那也難說？」三弟說：「哥，那也等到開學前一天再放牠們走好嗎？」我說：「也好，反正也只剩下三天了。」

第三天中午飯後我與三弟上樓把小鳥們餵飽後，心想要放走牠們也須等牠們的母親來再放走牠們才對，也可讓牠們全家團圓，於是在鳥籠的門上綁上一條線準備待母鳥來時可以搖控拉開籠門好放走牠們。於是兩人躲在紙箱後等母鳥出現，等了半個鐘頭，母鳥一直沒來，我正準備下樓喝水，忽然看見窗外一隻鳥又飛進窗檯上，東張西望才走近鳥籠，眼看三弟輕輕地拉起線，把鳥籠的門輕輕打開，此時小鳥們仍隔著籠子與母鳥相望，母鳥嘴裡的小蟲又進到小鳥的口中，母鳥此時東望西望終於看見地上三弟事先撒下的碎米粒，而一粒一粒地撿起來吃而沿著米粒走向籠門，這是三弟天才的設計，終於牠走進鳥籠裡去了，母子終於又真正相會了，但見一陣「吱吱喳喳」母子團圓的歡樂聲。隨後母鳥轉身向籠外走，小鳥們也急忙地跟著步出門外，母鳥接著跳上窗檯，小鳥們也跟著躍上窗檯，母鳥望著窗外的天空東張西望，似乎告訴小鳥兒們，窗外的藍天才是牠們的家。接著牠飛向窗外最近的一枝樹枝上，停下來望著小鳥們，小鳥們終於也飛出了窗外，停在母鳥的身旁，母鳥左右望了一下，牠又振翅向更高的樹枝上去，小鳥們也跟著飛上去，最後母鳥終於帶領著牠們飛向樹林裡去不見蹤影了。

二十多天的相處，如今牠們飛走，竟也有一股莫名的酸楚。三弟說：「哥，你看牠們還會不會飛回來。」我說：「難說，但希望不大。」第二天下課回家後急忙地衝上閣樓，等了好久，只見那個空籠子仍擺在那兒，地上也多了一些米粒，但鳥叫聲卻不復可見，三弟也接著衝上來說：「哥，我撒了一些米粒，讓牠們肚子餓了可以回來吃。」三弟的心思確是比我細膩，但鳥兒似乎有了窗外藍天就忘了老朋友了，連三弟的苦心也不能領受了，但以後在樹林中聽到鳥叫聲，都常常以為是那批小鳥們在打招呼呢？但是在閣樓上再也沒有見到牠們的蹤影了。鳥兒真的走了，但這一段鳥類母愛流露的真實故事一直烙在我心中，雖然事隔多年仍是印象深刻，鳥兒的靈性和真摯的母愛真是令我永生難忘。

八十六年九月十五日

# 意外的禮物

趙娣媚

交銀通訊三月份刊出了文藝社同仁張經理家鉉及筆者獲國際筆會中華民國分會理事—台大文學院前院長朱炎先生（今年起擔任筆會會長）、外文系教授歐茵西女士推薦加入筆會的訊息後，意外的，我們分別獲得董事長梁成金先生賜函勉勵並贈德國Mont Blanc名筆一支鼓勵。董事長對同仁的主動關心，更見藹藹長著的風範，我們雖不能經常恭聆教益，內心自常感溫馨。

關於這支筆，這裡要附帶提及一個故事。由於同仁事先告訴我，董事長要給我們的筆是他置在案前最喜愛使用的筆，而且董事長還特別交代，男同仁送黑色筆，女同仁送紅色筆。可見董事長對文藝重視的程度。乍獲這個訊息時，我真有意外的驚喜，因為這是我進交銀四分之一世紀以來第一次有首長這麼慷慨大度，如此熱情熱心的共同參與同仁的生活點滴。因為同仁提到董事長要賜給我的筆是「紅色的」，我因為擔心紅色太顯眼突出，使用時會感到不自在，就順口說出我的想法，並表示外型黑色或綠色的都好。結果去購筆的同仁因市面上陳列的Mont Blanc筆都是黑色的，於是就買來兩支黑筆送到董事長室，董事長見到兩支黑筆，雖在百忙中，尤其在忙著準備出國前往馬來西亞蘭卡威參加國際會議的前夕，他仍堅持要換一支紅筆給我。為此店家特別再從進口商那邊調進這支色彩已稀有的名筆。

由這個故事，可見董事長治事心細到一絲不苟的精神。也因為他的精神加諸這支筆上，這支筆對我就有了不同的價值和不凡的意義，它不單單只是用來書寫而已。由於我沒見過也沒聽過Mont Blanc這樣的筆，對它的模樣也就有一種期待。及至見到名筆，我才深刻感到董事長的堅持是對的，因為筆的紅色是非常雅致莊重的棗紅，筆蓋頂端一顆散發白色光芒的星星是它特殊的標記，而筆上搭配的精製金屬環，刻著漂亮的Mont Blanc……和Germany等字，整支筆的設計柔和高雅，真是一種藝術精品，一著眼就讓我非常喜歡，這也是我這輩子獲得的最珍貴最有意義的禮物。尤其可貴的是其中有董事長「擇善固執」的堅持，構成這支筆對我更有啟示作用，隨時提醒我治事的精神。這支筆，讓我時時刻刻感受到董事長的殷殷期許和鼓勵，我豈能辜負他的這一片用心！這支筆，對我而言不啻是一種無形的鞭笞，即時使一隻迷途的羊矯正方向，畢竟我是很久很久沒有好好用心寫文章了。捧著筆，我有說不出的慚愧，也有說不出的感動。

由於這支筆，使我想到西諺「筆勝於劍」（The pen is mightier than the sword）的話。劍是英雄、武士的生命，中國武俠小說中武林英雄便是以能獲得世間寶劍為榮。因為有寶劍，英雄精湛的武藝益能展露其鋒芒；因為有英雄的駕馭，寶劍更可以出神入化。筆對於寫作的人來說，就好像寶劍之於英雄，只是劍不如筆，因為就連中國最有名的寶劍干將、莫邪，其龍光雖可上射牛斗之墟，但至今安在哉？而一支筆，所揮寫出來的文字思想，自有文明以來就一直廣泛地影響著人類。一首詩、一篇好文章可以流傳千古，但卻沒有一把寶劍可以直接影響人類幾百幾十年，由此可知筆勝於劍之言之不謬。現在董事長賜給我這支勝於寶劍的名筆，它的流利任由我揮灑，而董事長擇善的精神，隨時導正我的思維，相信以它的能量，將使我爾後為文更能「下筆如有神」。

這次能得到董事長的厚賜，可說是交銀通訊發揮了它的功能。因此在此也同時要感謝總經理創辦了交銀通訊月刊，讓我們有一方園地可以自由耕耘，讓行裏的大小事情可以互相傳達，讓同仁的生活點滴可以互相分享。而總經理對於交銀通訊毫不鬆懈的督促，使本刊的內容有它一定的價值，在政府大力提倡心靈改革之際，希望本行同仁耕耘的交銀通訊園地能發揮它的作用，洗滌人心，啟迪人性。我也將好好利用董事長賜下的這支名筆，寫更好的文章，為政府推動心靈改革貢獻一些棉力。在此再次謝謝董事長的厚賜，Mont Blanc 追求的精緻、卓越、美雅及董事長的擇善精神將常在我心引導，願這支筆能助我再次揮灑天地間的光輝。

八十八年五月十五日

# 領取而今現在

趙娣媚

文藝社自八十四年七月成立以來，除了聘請文藝界知名詩人、作家、小說家指導詩歌、散文、小說之寫作方法與技巧外，為了讓同仁學以致用，催化「讀萬卷書」的能量，從八十六年六月起，開始安排「行萬里路」的活動而走出戶外，叩訪青山綠水的詩仙，掬飲文學創作的靈泉。

第一次活動安排石門水庫之旅，車行中聽司機邊先生說東眼山是新開發的森林休閒區值得一遊，於是大家也隨興改變目的地。而東眼山也果真不負眾望，讓大家採擷了一懷翡翠般的綠意。那種雅潔整齊爽亮的綠，讓人心神舒暢愉悅；小朋友們在山道上追逐，哇啦哇啦比賽說著自認為是「笑話」的笑話，笑聲在綠林中傳遞，綿延長長的山坡道。

此行由於遊覽車冷氣系統故障，車內「下雨」。司機邊先生也是遊覽車公司的老闆，為了扳回公司招牌，因此另外免費招待同仁一趟野柳之旅。

野柳海邊，晴空萬里。湛藍遼闊的海域，造形豐富的岩石：女王頭、日本美人頭、仙女鞋、石鐘……；小朋友在父母的陪同下在淺海灣戲水、撈魚，嘻鬧歡笑聲，揚溢出親子的喜樂……。

回程到三芝熱帶嶼休閒渡假中心，在陳副理慶銘的帶領下，參觀他藏在高樓叢林中的度假套房。居高遠眺，碧綠的草原、灩瀲的淺水灣波光、高遠的天際掛著一輪渾圓的逐漸西斜逐漸散放雲彩的太陽……，每一個人都不自禁的讚嘆大自然之美。靠著陳副理一張社區俱樂部會員卡，大家得以一覽俱樂部內部設計與各種陳設：健身房、室內網球場、高爾夫球練球場、回力球場、配置高級舒適按摩椅的視聽室、裝潢精緻的高級會議室、室內兒童遊戲區……。空間敞亮、弧線優美又在週邊點綴翠綠植物的游泳池，豐盈滿溢的一池水，水質清澈透明，宛如淺海碧藍藍的柔波輕輕流蕩，站在池邊還可以悠然濯足，……呀！真太美了！此外，還有藥水三溫暖池和其他各種規劃設計，都具備相當高級的水準與人們生活休閒的需求。建築師用心設計與經營的精神讓我們參觀時一路讚嘆一路深深感佩。另有些腳快的同仁，牽著小兒小女到活動廣場免費享用烤肉。捧著一盤盤美食，臉上洋溢歡笑。

接著大家轉往參觀一樣在三芝鄉的李總統故居—源興居。三合院的紅磚瓦屋，屋內格局雖不很寬敞，但可看出當初興建這棟住宅的人，也算富厚人家。或許這兒真有不凡的地氣，誕生了一位國家元首，以致參觀源興居者眾。就連這兒種的瓠瓜也很特別，形如天鵝，在蒂上加個紅嘴巴，再在長頸上打個紅蝴蝶結，非常像遨遊湖中的天鵝紳士，傳神極了。而這兒的花生豆莢，莢殼有點斑駁，不很起眼，好像是三級花生，但內中豆仁卻粒粒豐實飽滿，真出乎我的意料！或許地靈所在，萬物都能欣欣然吧！

這兒依山的田園範圍並不廣大，栽種的農作似都隨地主所愛，大馬路左右兩邊的田地有相當的落差，在高地種水生筊白筍，在低地種西瓜的景觀讓我感到很新鮮。誰說水都往低地流聚呢？只要農田規畫完整，排水系統做好，高地也一樣可以蓄水種水生植物的。另外，有些我已很久沒見過的植物，讓我覺得很親切。

當我們車子駛出源興居不遠，司機邊先生竟把車停在西瓜田邊，到不遠處的人家現買現摘了三個大西瓜，兩位男同仁也下西瓜田幫忙把西瓜抱到路邊水泥砌高的排水溝牆上，大家就在夕陽染紅的多彩的天空下分享著一片片綠皮紅肉西瓜。這時田野間習習的涼風柔和吹拂，看著夕陽下沈，看著暮色由彩色逐漸轉暗，青山、田園、幾椽小屋，就在眼下，寧靜的鄉村氣息，引領我的神思回到三十年前的故鄉……。

有了這樣美好的記憶，在一段長長的時間之後，同仁遇到我就問：「文藝社什麼時候再舉辦旅遊活動？要通知我哦！」

因為冬天太冷，春天又多雨水，於是我想找一個不會太冷、不會太熱、沒有雨水、天和景明的日子，便安排八十七年四月二十五日讓文藝社的同仁到九份、十分寮做一日的尋幽訪勝之旅。一大車四十餘人的名額很快就滿了，只等著出遊的日子。

二十四日的台北天氣仍然大好，太陽大大的很是亮麗，只是電視氣象報導二十四日晚上起天氣轉陰有雨，二十五日下暴雨。果然，二十四日晚上開始起風並飄下雨來。到了二十五出遊日的清晨，剛起床就接到同仁林小姐打到家來的電話：「……今天全天有暴雨，我不去九份了，上一次到太平山也一天都是雨，穿著雨衣濕搭搭的，玩得不愉快，今天這個雨這麼大，我不去了，先跟妳說一聲，小曼也給了我電話說她不去……。」我邊接電話邊勸說邊看著窗外嘩啦嘩啦滂沱下個不停的大雨，同時想到昨天晚上到龍山寺的禱告，我想神會給我們安排這個日子的。因此對著大雨也沒有失望，直覺得天在醞釀什麼。更何況「暴雨不終朝」，此刻雨越大，就表示越容易早歇。只是一早就聽到二位同仁不願成行的訊息，在勸不動掛了電話之後，也不覺憂心起這種天候對同仁的心理影響。看著窗外滂沱的雨勢，我的心也七上八下，開始不安地想像，是不是同仁都不去了？

及至到了集合地點—總行延平南路門口，見到車子裏已坐了二十餘位興致高昂的同仁及眷屬，最小的是資訊處馬先生的女兒，只有一歲半。這一來，我懸掛的心才放下來。陳襄理妙齡很高興的說她是最早到的一個；吳專員興琪也喜孜孜地說她也很早就到了。接近八點的時候，雨勢漸小漸無。八點十分，一位同仁開車趕來。到了八點十五分，大概可以確定不來的同仁就是不來了，於是請司機邊先生開車上路，從木柵方向往基隆進發。

# 姑娘廟

車子一駛離高樓大廈林立的台北市，進入山區，經大雨洗滌過的林木山色映入眼裏倍覺蒼翠清新，心靈彷彿也被間接洗淨一般。雖在車內，心情也像呼吸到大量清新空氣般的舒暢。車子順路到姑娘廟時，安排半小時休息時間讓同仁活動活動。

沿著整修建築得很堅固的紅色走廊式長橋，橫跨寬大的山溪，到了對岸，見亭台樓閣依山而建，規模雖然不大，卻也盡地利之用，別具匠心。經大雨洗濯過後，一切看起來都很乾淨清新。根据廟方的書面簡介，廟中供奉的姑娘名叫魏扁，十八歲過世，父母將其葬於自家山園，即今日姑娘廟所在。後來魏扁的父母賣掉這片山園，魏扁因未婚而死，香火無人供奉，曾託夢給這塊山園的買主，謂其孤苦無依，逢年過節無人祭拜。於是這個山園的新主人就為魏扁立了個小小的石頭廟供奉，或許因為「有求必應」，小廟經多次翻修，而有今日不小的規模。遊客路過這寂靜的山區，也會被這裝點得像「觀光據點」的紅廊、亭閣引來，在廟中隨緣的一炷香，料想魏扁姑娘已不再寂寞了。

當我看到坐山而建的姑娘廟，前面臨下有寬闊的溪流，溪外更遠處是翠綠的青山，感覺真是好景致。魂魄能長伴這好風好水的地方，魏姑娘也真是有福氣。

看過姑娘廟，邊先生再載著我們繼續前行。不知是不是雨天，這條路上的車輛很少，好像只有我們這部車而已。我疑惑的問邊先生，他說這條路平常車輛就不多。也因此我們能很順利的前行。

車到平溪，寬大潔淨含著水分濕潤的柏油路，路邊高起的人行道種植整齊的樹木；深而寬闊的溪谷，山壁留下山洪沖刷的痕跡，轉折處還堆積了不少沙洲，形成處處奇景；而近在眼前的青山上頭，飄繞著白煙也似的雲霧，有幾處較高的青峰如劈石，矗立在飄渺如仙境的雲霧中，讓我想到桂林山水。問了邊先生，確定此處是頗有名氣的「小桂林」。但他卻說：「下雨的山路泥濘不好走，不要去比較好。」於是車子再往前行。

因為沒有其他的車輛，且又無雨，而眼前潮潤寬闊的公路、青翠欲滴的山林樹木、溪澗湍急的流水，好像引我們進到一坐大自然公園，可以盡興遊目騁懷。於是我提議讓大家下車走半個小時的路，同仁也異口同聲大表同意。

## 十分瀑布

一下車，我第一眼竟看到公車站牌，上標「九華山」，使我聯想到大陸的九華山、苗栗銅鑼的九華山，便更肯定此地必也是佳景天成的好地方。果然，山色佳景處處，尤其是雨後，空氣中充滿清新的因子，對於久居台北市的我們，更是一種奇妙的恩賜，每個人的心胸似乎都歡暢欣悅無比，一路各尋靈感，或三三兩兩談談說說，或行行停停攬山望水。一歲半的馬小妹，在爸媽的鼓勵聲中快樂地往前跑，不小心跌倒了，哇哇哭出聲。馬爸爸一兩個腳步過去把她拉起來，拍了幾下沾在衣服上的些微乾靜細砂，勸她不要哭。小娃兒果然很聽話，馬上不哭了，不久又在路上暢跑了起來。多和大自然接觸的小孩子，看起來既獨立乖巧又健康快樂。

沒有雨，但見輕霧般的白雲在青山頭飄繞舒卷，而飽含雨露的天地任我們馳騁，清新的空氣任我們吞吐，徜徉這豐厚的大自然之下，竟然覺得很幸福，而不知時間之消逝。半個小時後，邊先生的大車開了過來，帶著一壺向山家要來的乾淨山泉烹就的茗茶，引起一陣歡呼和騷動……。

十分瀑布藏在山林裡。新闢的寬大柏油路優雅蜿蜒於樹林之外，我們在停車場下車，沿著工程圍牆外的小路轉進綠意盎然的山道。一路讀著歷史讀著自然讀著斑駁壁岩，距瀑布越近，泉瀑的飛濺聲越響。而山路盡頭，兩條鐵軌横裡切過，另一邊正端端相迎的竟是現代的新式水泥大門和不鏽鋼管組構的進出旋轉門。門口標示大大的公告：成人一票一百五十元，團體票一人一百二十元……。兩側用相當高的鐵板築起圍牆，顯然是嚴防旅客「偷看」瀑布。既然大自然的景觀已劃入企業主經營的領域，要看十分瀑布就得花錢購買門票了。也就因為要買門票，價位又不便宜，有不少遊客在門外鐵牆下左右徘徊，聽聽瀑聲，也算是到十分瀑布一遊了。我和大多數同仁一樣，錢包放在車上，因此在門外徘徊猶豫。幸好一位男同仁身上帶有阿堵物，於是先行借用，並洽管理人員同意交銀同仁以團體票價入園後，終得一睹十分瀑布之真面目。

十分瀑布落差約二十公尺，寬約四十公尺，據說是台灣最大的簾幕式瀑布，亦為岩層傾向與水流方向相反的逆斜層瀑布，因與北美的尼加拉瀑布相似，而有台灣「尼加拉瀑布」之稱。瀑布下方深潭，經常瀰漫水氣，經陽光折射而出現七色彩虹，因而有「彩虹淵」之名。由於連夜暴雨，山谷水量激增，瀑布因增大的流量而氣勢更加雄偉。渾濁的水流飛越岩石層層堆疊的崖岸，滂沛騰揚，然後下墜深池，飛珠濺玉，有黃河之水天上來的豪壯；聲勢轟隆，如擂鼓撼天動地。而奇妙的是那震天價響的瀑布聲，竟有一種不可思議的力量，讓我的心境獲得安撫與沈澱，那是一種可以讓心靈完全清澈、寧靜而悠遠的聲音。

瀑布濺起的水霧，飄飛瀰漫山谷，有縹緲如仙鄉的幽美與神秘。在瀑布對岸，沿山勢築就石階。雨濕蒼潤別致的階梯，四通八達錯落出一幅藝術佳構，遠觀有融為一體之美，近履則有清雅之趣，而飄來的水霧輕撫臉頰，原來還另有一種意境……。隨著石階上上下下，轉入瀑布下游，溪谷竟巨石壘壘，蔚為奇觀。見一巨石上刻著「石林」二字，才知這是十分瀑布的另一佳景。過了石林，溪谷平緩延展，兩岸碧綠林木的盡頭，似沙丘或平原，迷濛的一片天光映照著一個世外桃源。

由於受時間限制，不能再去其他規劃出來的遊樂區，因此折返瀑布所在。在沿山築造，擋土牆兼做看台的廊道上，有一群來自花蓮某道教系的善男信女，穿著整齊的素衣，在焚燒禱告文。我問他們如何選在今天祭拜？所拜何神？那位女靈媒對著瀑布手足比劃那麼久，而且在哭，是為什麼？

他們有問有答的回答我問題。原來是他們早奉地母指示，今天是吉日良辰，佛祖降臨此地，他們才到此向佛祖上禱告文。女靈媒哭泣，不是她在哭，是這裡的靈在哭。瀑布那邊有各種各樣的靈在修行，祂們好不容易盼到佛祖來看祂們，像看到親人般的喜極而泣……。

沒想到這裡竟藏有另一種宗教的世界，而我們湊巧恭逢其盛，我的心竟也有同沾法雨般的喜悅。

穿過沿瀑布邊緣鑿開的通路，到達上游。一線之隔的上游，水量豐沛蘊蓄如池，水勢平滑如鏡，似淺而深不可測。天光、山樹倒映水間，視覺的空間感加倍寬闊。因為腹地較為廣大，沿著溪邊潔淨平坦的沙地而行，入眼的竟也美景處處。一棵老雀榕，滿枝椏粉紅色果子，遠看像一株燦開的櫻花，花枝優雅的伸展向水涯，美極了；幾隻小鳥在樹間啄食果實，清悅鳴叫，別有佳趣；一座懸跨在綠色天地中的紅色吊橋，倒映水中像彩虹；兩岸等距成排的白色龍首雕塑，昂然向溪，似在吞吐著無盡的水源……。這個百餘公尺的地方，一邊是轟然滂沛莫之能禦的瀑布，一邊是寧靜幽深宛如處子的「西湖」，這樣的景觀該是天地間絕無僅有的了。盤桓再盤桓，我真不願就此離去……。

## 九份

九份是山城，我們的車子離開十分瀑布之後，在新闢的山道上蜿蜒，經過一些飽嚐歲月風霜的小鎮，花了不算短的時間才到九份。車在山道旁的大停車場泊車，我們接著轉駁九份公車進入九份鎮內。因為九份的街道很窄小，容不下蜂擁而來的觀光車潮，而於外圍另闢停車場。停車場很大，但因平常觀光客很多，遊覽車司機一聽到九份最擔心的是沒地方停車。或許是雨天，到九份時還有車位，令我們意外驚喜而舒了一口氣。

霧雨濛濛的九份，似乎才是真正的九份。撐著傘，優閒的空氣、蒼老的石板路，彷彿自己也鑲進歷史的扉頁，呼吸及一種截然富厚的古樸。

我走上高處，想到傳統的中國廟宇都建在視瞻最佳之處，因此只要尋找廟宇所在就能攬觀當地最好的風景。准此一念，於是就近登上左側關聖宮，先向眾神禮敬後，再至廟埕觀覽。果真不出所料，放眼前方海灣，全景就在眼下，當下的感覺就是「美極了」：山巒由高而低，一層層緩緩向大海伸出多情的懷抱，碧綠的岬灣內，更低的山猶從水中露出許多青峰，在浩瀚的碧水中比美，而那種美同時融入透著天光藍亮豐盈的平靜海域。我不禁驚訝這多金的寶地，果真是上天不同凡響的傑作。我曾看過丹麥佇立美人魚的海邊、荷蘭的海岸、義大利海灣、澳洲的東海岸、雪梨的岬灣、美國舊金山灣、泰國暹羅灣、澎湖和基隆海域等，卻從沒有此刻看到的九份海灣這麼令我感動與驚喜！那真是一種清新、遺世獨立有如仙鄉的地方。尤其我們抵達的時候，岬灣輕籠在似有還無，似無還有，輕紗也似的雨霧中，那種豐潤的感覺，直透我心。

為了認識九份和它的歷史，我事先向同仁借閱了兩本有關的尋古書籍，但一到九份，才發覺這些東西和現在的九份好像無法融合。許多興起的旅館、商店，沿山而築，觸目皆是。除了街道的名字，我找不到歷史中的九份。因為是自由活動，為了怕迷路，便踏著眾人的腳步，往人多的街道走去。而整個山城就似乎只有那一條長巷似的「主街」最熱鬧了。兩邊小小的店面比鄰相接，生意大都很不錯。來來往往的面孔，有本土的，有東洋的，有西洋的，可知九份名聲遠播。

品嚐了九份最負盛名的芋圓湯，再循街一家家挑選吃食店，尋找遲來的午餐。我終於選了一家店面寬敞乾淨，客人較少，比較安靜，只賣炒米粉、炒麵、魷魚羹、魚丸羹、肉羹的店家，叫了一盤炒米粉。因為不知那種羹叫座，便問店東那種羹好。六十來歲中等身材的女老闆馬上說都好吃，可以混合吃吃看。於是我遂嚐了一碗三合一羹，新鮮美味自不在話下。

不知是否這家老闆賣的食物不夠特別而客人稀少，還是對家的魚丸湯真的好滋味而門庭若市。或許因為如此，我才可以清清靜靜享受一段優閒自適的時光。望著窄巷裡瞧東瞧西遊街的人撐著花傘來來往往穿織，對面店家咂著嘴的人進進出出，好像一幕歷史進到古唐的電影畫面，而我是被如銀幕般的店門隔在一邊的觀眾，那真是一種奇特的氛圍。由於老闆不忙，於是我從墻上的一幀九份石階的特寫放大照片和她談起了九份。她說她在九份住了四十年了，那語氣雖然淡淡的，但卻與有榮焉似的，彷彿是：在這有歷史的地方，她本身也是披著歷史華彩的人。於是我好像看到了九份的滄海雕出來的瑰寶，不覺欣然而喜。

她說她結婚以後，就一直住在九份，一直住在現在這棟房子。地權是台灣礦業公司的，地租很少，以前很多年甚至十年才收一次，現在比較常收，一年收一次，有時候也不定期。她公公以前就是臺礦的員工。「開礦的時代，這條街是最熱鬧的，來這裡吃的都是住在這裡的礦工和『查某』（意指特種營業場所的女人），現在這條街仍然是九份最熱鬧的街道，但來的都是觀光客，來一天兩天就走了。假日的時候人很多，一、兩萬人，甚至三萬人，平常人較少。我們樓上也有提供住宿的統舖……。」老闆是很傳統的人，不會大肆作廣告，點到為止的介紹一下她們的另一項服務。可是我卻無法從外觀看出他們樓上也開旅館的廣告。

解決了民生問題，便用觀光客的心情，沿街欣賞。賣吃的、賣喝的、賣穿的、賣紀念品的、……已全然是大眾化的市集況味，唯有試金石是這裡最有紀念性的產品。

以往在文章上讀到「試金石」，便也依樣葫蘆的運用，卻不知「試金石」長得什麼樣子，也不知怎麼試金。待從介紹九份的專書上才獲知試金石為何物。原來試金石是石膽－基隆深海的石頭打破外殼後的石心，質地密致光滑，顏色黑得發亮，拿金子往上一畫，即呈現金色痕跡，由金子顏色的深淺來判斷金子的純度是六成、七成或八成、九成，做為買賣鑑定成色的標準。沿街有幾家紀念品店懸掛出售試金石，大多奇形怪狀，想要找顆扁平的石頭來試金還真困難。好不容易挑選到一顆橢圓扁平的，正滿心歡喜，卻不意石上已被劃上一道金色線痕。雖然老闆說回去用凡士林油擦擦就好了，可是因為心裡總覺得不是滋味，而冷卻了我的想望。走遍整條街，沒有找到一顆我滿意的試金石，有些遺憾，不過，想到來日重遊可再尋覓時也就釋然了。

雖然沒有獲得所愛的試金石，但一家賣玉石飾物的店門邊牆，展示蒐羅甚豐的礦石，每一種礦石還標明治病的藥效，那是我多年尋覓未著的礦石藥材，因此深深的吸引我。

我佇立櫥窗下，就清朝汪昂所著本草備藥書中的金石名稱逐一認識其真面目：金的原礦、白石英、紫石英、陽起石、石蟹、石燕、雲母石、赤石脂、浮石、無名異……以及難得一見的血竭——木脂的一種，色赤質輕，為和血聖藥。這些我慕名已久的藥石，此刻竟讓我見到三十幾種，那種意外的驚喜真是難以言宣。我指著一種礦石問女老闆價位，她說它們不賣，只供參觀，那是他們費了好幾十年才收集到的，附近的學校老師把它當自然學科教材還帶學生來此課外教學呢。

我很訝異一個賣飾物的人家怎懂得這些藥石的藥效，而且中文書法非常練達優美，像是出自一位飽學的中醫之手。在我讚美驚嘆之中，另一面牆和隔壁店面相通的門中出現一位中年男士，引起我的注意。隨目所及，在他背後竟是一牆中藥櫥。原來兩邊是一家人，先生管中藥鋪，太太管飾品店，我也全然明白這些藥石之所以被收集被珍藏的理由了。以往我讀到本草備藥書中的石燕時，心中對它總充滿未知的懷想，不知其為何形貌。待看到陳列品，經女老闆解說，才知道「石燕」是小貝類的化石，兩頁展開的貝殼上的殼紋，活像燕翼，難怪以此為名，若不是目睹其物，真難想像！這個雖小而包羅萬千的櫥窗，給了我最豐碩的知識，是我九份行的最大收穫，也深覺慶幸。

而此行也給了我很大的啟示，從原本希望能挑個晴朗的好日子，老天卻先以傾盆大雨洗禮，然後以更好的景觀饗之，讓我體會了人生「無須計較與安排，領取而今現在」的真諦，是以為文記之。

# 淺談時間管理

賴信榮

當我們問一個小孩，對時間看法時，他可能會說：「時間過得太慢，恨不得自己趕快長大！」；若問一個正在傷腦筋處理事情的人時，他可能回答你說：「對不起！我很忙，時間過得太快，恨不得讓時間倒流！」同樣地若問及正在熱戀的情侶時，他們也許希望時間能夠停起來，因為此時此刻他們最"Happy"。我相信同樣的問題問100人恐怕會有101個答案，因為每個人對時間看法可能因時、因地、因人而有所不同，人們常以「時光飛逝」、「光陰似箭」、「歲月如梭」、「白駒過隙」等語來表示時間過得很快，但是我們也常聽到「太無聊，不曉得如何打發時間！」的抱怨；為何會如此呢？這就是沒有好好妥善地管理時間；而時間是最公平的，它不會因為你是達官貴人就多給你，也不會因為你是販夫走卒就少給你。每個人的時間都一樣，一天24小時，尤其是目前正處於知識爆炸及強烈競爭時代，誰能好好管理時間，充分應用每一分一秒，誰就是贏家。

今天真是競爭時代啊！就連我們金融業也是處於白熱狀態。我們身為公司一分子，努力工作為企業打拼，就是希望我們的公司能夠大展鴻圖，永續經營，所以每個人戰戰兢兢，不但與他人競爭，也要與自己競爭，尤其是時間，因為時間掌握在每個人手中。那麼如何與時間競爭呢？這就是時間管理的問題。根據鄧東濱教授分類，我們把要處理的事情分成以下四種：

第一種為重要且緊急的事件。

第二種為重要但不緊急的事件。

第三種為緊急但不重要的事件。

第四種為例行事件。

這裡所謂「重要」或「緊急」程度，亦因人、因地、因時而異，完全靠自己判斷，沒有一定說什麼事件屬於那一種？不過就處理順序來說，緊急事情要優先處理，以免產生不良後果及事後遺憾。另外鄧教授提出時間管理的十項原則，茲分述如下：

1.保留時間作計劃：每個人應每天騰出一些時間為明天或往後幾天作計劃，這樣才不會有過一天算一天的消極態度。

2.制訂確切書面目標：必須將短、中、長程目標，訴諸確定的文字或數字，而且要有一定期限，以免養成〞拖延〝習慣。

3.擬定每日工作計劃表：將今天要做的事情，計劃好什麼時間做什麼事，才不會事到臨頭，不知所措，而感慨時間不夠用。

4.20%對80%：即是20/80原理，也就是根據經驗法則，就我們周遭的事情大致可分為20%重要事情，80%不重要事情，如何善於處理20%重要事情，以達目標，才是關鍵。

5.鬆弛的安排：當我們安排時間表(Schedule)時，不要排得滿滿的，要有適度鬆弛時間，專家指出提供適當休閒時間，可增加生產力。

6.授權他人：這點尤其對主管更重要，因為充分授權部屬處理一些事情，一方面可使自己有多餘時間處理重要且緊急之事；另一方面可培養接班人。

7.工作系統化、簡化：我想如何利用現代化科技設備，使工作處理速度更快、更好，應是企業要好好思索的問題。

8.減少食量：其實，我們常常覺得時間不夠用，就是參加一些不必要的應酬，尤其是中餐，一個應酬下來，身疲力盡，若是貪杯的話，下午的班不曉得如何上呢？如果應酬不安排餐會的話，應該可節省不少時間。

9.避免干擾：有些主管常常要接待客戶，可能是電話，可能是面洽，這也是讓自己疲於應對及奔命而覺得時間不夠用的最大干擾源。

10.技巧的回拒：我們不是任何事情都必須要做的，應該有所為、有所不為，如果有助於目標達成或必經的過程，就應有所為；如果對目標達成有所害或阻礙時，就應有所不為，尤其是主管必須要有技巧性回拒不必要的應酬及約會。

今天，我們交銀即將步入民營化，面對激烈競爭的金融環境，而總座耳提面命地要我們全體同仁提升競爭力，我以為只要大家，不論主管或屬下，做好時間管理，則交銀在業界的競爭力將可大大提升。

八十六年十一月十五日

# 推介了凡四訓一書

朱成功

「了凡四訓」一書，近數百年來，在中國民間流傳甚廣，是本膾炙人口，裨益世道人心的好書；對於人心的淨化、道德的提昇，乃至社會的安定，有其不可忽視的影響力。

本書的作者為明朝的袁了凡先生，了凡先生將自己畢生的修持和體驗寫成四篇庭訓，用以教育他兒子袁天啟。雖為戒子文，但其中含有「修身律己、安身立命」及「化凡入聖、超生了死」的大道理；同時它也是一本改造命運的寶典。書中對於命運的真相有極精確的剖析，闡述了「造命者天，立命者我」的道理。他認為只要方法正確，命運是可以改造的，改運的要訣是「斷惡修善」；故事中對於善惡標準的分際、改過的方法、行善的綱領，均有極為具體而詳盡的解說。仔細閱讀，自有欣欣向榮，極欲效法的趨向。

全書共分為四篇：「立命之學」、「改過之法」、「積善之方」和「謙德之效」。首篇「立命之學」是講立命的學問，亦即改造命運的道理。了凡先生現身說法，把他自己力行「斷惡修善」因而改變命運的經過和種種效驗告訴他兒子，要他兒子不要被命數所束縛，而若要不被命數束縛，一方面要「誓斷一切惡」，「勿以惡小而為之」；另方面要「誓修一切善」，「勿以善小而不為」。如此定可改變自己的命運。

本篇也是在勉勵世人奮發向上，不要自暴自棄。因為人生的氣數，雖由前生造因而定，但命運的好壞，卻隨著這一生心性的狀態而改變。換句話說，一個人要改變命運，得先改變自己，要改變自己，得先從自己的內心改變起，內心有多少福份，外面就會有多少的福報；反之內心有多少罪過，外面就會有多少苦厄。如磁力相吸，絲毫僥倖不得。

人不是生來就是聖賢，那能沒有過失呢？孔子說：「過則勿憚改」，意在鼓勵人改過自新。試想一個人若不知改過，就像漏了底的容器，即使行善也收不到效果。所以說改過是立命的下手工夫。因此了凡先生在講過造命的道理和方法之後，接著第二篇「改過之法」就把改過的要素和方法告訴他兒子。改過要先發三種心，第一要發恥心－知恥能生大勇；第二要發畏心－知畏則生誠敬；第三要發勇心－知勇則能振奮。具備了這三種心，有過必改，好像春冰遇到太陽，何愁不消失呢？至於改過的方法也有三種：從「事」上改；從「理」上改；從「心」上改。功夫不同，效驗也不一樣。其中以從心改最重要，因為「萬法唯心造」，能從心修起，則心中惡念一動就察覺，察覺之後，就立刻把心停住，心不動則惡念便消失，也就不會犯過了。

知道改過的方法後能把自己種種過失改掉，自然好命不會變為壞命，但還是無法把壞命變成好命，必須進一步行善積德，善事積多了，才可「災消福來」，轉壞命為好命。因此了凡先生在第三篇「積善之方」裡就詳細說明了善惡的標準和行善的綱要。

大致說來，有益於人群是善；有益於自己是惡。有益於人群，即使打人罵人皆算是善。若是為了自己私利，則尊敬別人、禮讓別人也算是惡。論及行善，有真善假善、有端正之善與歪曲之善、有陰善陽善、有是善非善、有偏善正善、有半善與滿善、有大善與小善、有難易之善等分別，必須作進一步的了解，否則為善不明道理，往往會產生自以為行善，其實是在造孽，那就徒勞無功，枉費苦心了。

此外，了凡先生列舉了十條行善的綱要，由此推廣則萬善兼備。這十大綱要是：一、與人為善；二、愛敬存心；三、成人之美；四、勸人為善；五、救人危急；六、興建大利；七、捨財作福；八、護持正法（正法是佛法一類的正大光明之法）；九、敬重尊長；十、愛惜物命。

初學「斷惡修善」的人，若有了一點成效，就容易貢高我慢，輕視一切。例如，故意表現自己的善心去顯示別人的惡意；或拿自己的長處去彰顯別人的弱點……等等。因此了凡先生在末篇「謙德之效」裡，叮嚀他兒子「滿招損，謙受益」的道理。人能謙虛為懷，則斷惡修善惟恐不足，才能使「立命」收到效果，達到改造命運的目標。

人生在世，待人處世最重要的態度就是謙虛，一個人能謙虛，在社會上一定會獲得大眾廣泛的支持和信任；而懂得謙虛，便知道「日新又新」的重要；不但學問要求進步，做人、做事等亦是如此。所有種種好處，都從謙虛中得來，所以謙虛是受福的基礎，想改變自己命運的人，怎可不謙虛處世呢？

易經上說：「上天對於驕傲自滿的事物，就要使他虧損，以幫助謙虛的事物。地的道理也一樣，總是將高處的山水添補低陷的地方。鬼神對於驕傲自滿的，就要使他受害，謙虛的便讓他受福。人的道理也一樣，都是厭惡驕傲自滿的人，而喜歡謙虛的人。」這樣看來，天、地、鬼神、人都是看重謙虛的一邊，我們能夠謙虛自然就能感動天地、趨吉避凶了。

我們讀書貴在變化氣質，提昇道德水準。可惜現代教育只注重知識的傳授，忽略了道德的培養，使得道德式微，人心陷溺，社會不安。因此，欲挽救人心，重整社會道德，勸人受持讀誦「了凡四訓」一書是最佳的方法與途徑。

在家庭，父母子女一同受持讀誦此書，則一室祥和，子孫賢孝，傳家久遠。在學校，老師學生齊來讀誦此書，老師則能以身勸化，學生則必品德純正，學有所成。服務公職的人，讀誦此書，則能清廉自守，福國利民。經商的人熟讀此書，則取財有道，善於保富。受刑人讀誦此書，則改過自新，前途光明。總之，只要肯細心閱讀，進而身體力行，則人人可轉病為健，轉夭為壽，轉窮為達，轉罪為福，轉凡為聖。

企盼大家都能受持讀誦此書，學習「了凡精神」：命由我作，福自己求；諸惡莫作，眾善奉行。則人心純善，社會一定祥和，國家一定安泰，世界一定和平。

最後抄錄「心好命又好」詩一首和大家共勉：「心好命又好，富貴直到老。命好心不好，福變為禍兆。心好命不好，禍轉為福報。心命俱不好，遭殃且貧夭。心可挽乎命，最要存仁道。命實造於心，吉凶惟人召。信命不修心，陰陽恐虛矯。修心一聽命，天地自相保。」

八十五年六月十五日

# 參加亞洲開發銀行第卅屆年會記行

何鼎建

## 一、前言

亞洲開發銀行（亞銀）第卅屆年會於本年五月十一日至十三日在日本福岡市舉行，本行由趙總經理捷謙代表參加，我則是以過去行員(Former Employee)身份偕內人前往。年會是亞銀一年一度的盛事，今年第卅屆年會更是隆重舉行，由於亞銀當局的精心策劃，日本政府的熱烈贊助，加以福岡市建設進步，氣候宜人，所以旅途充實而又愉快，深覺不虛此行。

亞銀年會，除了本身的會議部份，如開幕式、業務會議及閉幕式外，為了充實年會的內涵，並吸引各界人士前往參加，今年年會前更舉辦了五場有關亞洲經濟發展的研討會，年會期間福岡市當局亦免費招待與會人士遊覽附近名勝古蹟。此外，亞銀、日本政府及部份參加機構亦分別舉辦酒會及宴會，使整個年會節目熱鬧又豐富。我在福岡市逗留時間（自五月九日下午至十四日上午），共參加了三個會議，四個餐／酒會，三次旅遊及一場球敘，收穫頗為豐富。茲將此行分為福岡市簡介、亞銀年會概況與每日各項活動片段記述如後。

## 二、福岡市簡介

福岡市是日本九州第一大都市，人口一百三十餘萬人，因為距離韓國和中國大陸較近，自古便是進入日本的門戶，附近曾發掘出我國漢光武帝所頒贈「漢倭奴國王」金印，現以國寶珍藏於福岡市博物館，當年福岡市曾建有鴻臚館，以為接待外國使節與賓客之用，面海並築有城堡，以防外敵入侵。現代的福岡市則是一個商業發達且有文化氣息的現代化都市，市內街道寬廣，建築新穎，高架道路亦多，交通頗為順暢，行人過馬路亮綠燈時且播放音樂，頗具特色。據統計資料顯示，與日本其他都市相較，福岡市的批發貿易居第四位，機場客運量居第三位，金融機構貸款額居第五位，大學生佔人口之比居第二位，每人公園面積居第三位，每人綜合醫院數居第二位。此外，福岡市物價亦較廉，如辦公室租金是東京的百分之五五，大阪的百分之七五。福岡市也培養了一些傳統的工藝品，以歌舞伎和女性為主題的博多人偶及由我國宋代傳入的博多織錦較為著名。

## 三、亞銀年會概況

亞銀年會依例於每年五月初召開，代表亞銀各會員國的理事們齊聚一堂，共商亞銀的大計，如新會員加入、董事改選、資金狀況、預算與財務報表、營運方針等。早期為節省費用，年會每兩年在馬尼拉總部召開，第三年在外地召開，近年來，由於各會員國競相邀請，亞銀為了打開知名度，愈來愈多的年會在外地舉行。各國參加亞銀的代表團由理事率領，在開發中會員國，理事多由財政部長或中央銀行總裁擔任，在已開發會員國，理事層級較低，不過日本因在亞銀居主導地位，理事一向由大藏大臣（即財政部長）擔任，本屆年會日本大藏大臣三塚博以地主國理事身份被選為年會主席。我國代表團由中央銀行許總裁遠東以亞銀理事身份領軍，副理事為財政部顏次長慶章及中央銀行梁副總裁成金，其他成員尚有中央銀行、財政部及外交部等相關官員。今年參加年會的各國代表團成員共四百餘人。

除了代表團外，亞銀亦邀請各會員國金融界人士及過去行員以賓客（Guest）身份與會，本行趙總經理、我本人及內人均屬賓客。許多賓客參加年會的目的，除了關心亞銀事務外，主要是藉此機會與各國財經人士及金融同業磋商聯繫，對許多與會者來說，會外的接觸與單獨安排的會外會要比年會本身更重要、更具意義，例如和信集團的中國信託商業銀行便乘年會之便，廣邀亞洲國家相關財經金融人士晚宴，大做公共關係。今年年會登記參加的賓客約1,500餘人，如將代表團、國際組織代表、賓客、亞銀行員及媒體人士均計入，總參加人數超過2,000人。

今年年會在福岡市的海鷹（Sea Hawk）大旅館舉行，該旅館完成僅兩年，位於福岡市西北，面臨博多灣，從空中看去，形狀有如一艘駛向大海的郵輪，樓高36層，共有1,050房間，一樓的長廊與會議廳可容納4,000人，非常適合年會之用，除各國代表團、亞銀高級職員與少數賓客住在此一旅館外，大多數的與會人士均住在市內其他旅館，但有巴士與海鷹旅館連接，來往尚稱方便。

## 四、五月九日活動

五月九日是抵達福岡的當天，惟一的節目是參加晚間亞銀過去行員協會(Association of Former Employees) 舉辦的非正式酒會，這也是僅有的一個自己付費的活動。亞銀離職或退休行員很多，散居世界各地，為了促進聯繫溝通，所以有協會的成立，現任會長是曾任亞銀總裁八年的滕岡真佐夫，執行秘書是一位巴基斯坦籍的退休行員，協會經常與過去行員保持接觸，並定期發行季報，報導有關亞銀的動態及過去行員的近況。出席這次酒會的共有離職或退休行員及夫人共七十餘人，我國參加的尚有曾任央行總裁及交銀董事長、現任中國信託商業銀行決策委員會總裁的謝森中夫婦、現任中國國際商業銀行經濟研究處處長王鶴松夫婦及前中聯信託投資公司董事長莫家慶夫人等。這次酒會見到了許多多年不見的老同事，大家久別重逢，互相問候，分外親切，頗有他鄉遇故知之感，也彷彿又回到往日共事的情景。有些過去的行員仍然活躍異常，擔任財經金融方面要職，如菲律賓現任央行總裁Gabriel Singson及日本東京三菱銀行總裁Takagaki等，有些則是半退休狀態，擔任顧問或教職，也有些完全退休，頤養天年。除了少數保養有方或離職不久的行員仍然容顏未改外，其餘都經不起歲月催人，大多老態已顯。這次與過去老同事久別重逢應是福岡之行最大的收穫。

## 五、五月十日活動

五月十日活動最多，共參加了亞銀與國際金融研究所(Institute of International Finance)共同舉辦的開發亞洲金融市場研討會、福岡歷史之旅、亞銀過去行員協會的年會及亞銀總裁晚間的酒會。

### 1. 開發亞洲金融市場研討會

這個研討會是全天舉行，我因為要參加下午的郊遊，所以只聽了上午的部份，本行趙總經理則是全程參與。上午討論的主題是由香港金融管理局的主管 Joseph Yam 以「Asian Banking in a Regional and Global Context」發表演講。他認為亞洲的銀行對促進本地區過去快速的經濟成長頗有貢獻，各國政府亦極力維持銀行的穩定，以募集儲蓄並融通投資，雖然亞洲的銀行也曾面臨困境，但遠不如其他新興市場頻繁而嚴重，亞洲的銀行也比較其他地區的銀行更容易地達成了國際清算銀行(BIS)所規定的百分之八的資本適足率，但是由於許多亞洲國家經濟成長趨緩，銀行經營環境丕變，亞洲的銀行也面臨了下列的挑戰：(1)由於資金大量流入，使亞洲與全球的金融市場漸趨整合，熱錢的流入使銀行資金充裕，貸款浮濫，熱錢的流出亦增加銀行的信用風險；(2)亞洲國家紛紛採取金融自由化的政策，使銀行有較大的營運空間，有助於效率的提升，但銀行的開放也增加了業者的競爭壓力；(3)有些亞洲銀行貸款過於集中於房地產或出口業，由於房地產過剩及出口市場不振，造成銀行資產品質惡化；(4)亞洲的銀行對於新的金融商品掌握不夠，衍生性業務 (derivatives) 便是一例，同時技術的創新，如電子銀行及網路銀行，使銀行的業務形態大為改變，外國銀行不必透過分行的設立便可營運。面臨以上的挑戰，Mr. Yam 認為銀行的經營者必須建立健全的風險管理及內控制度，並改變銀行的文化，提供更多收費的服務，降低對利息收入的依賴，銀行的合併亦有助銀行競爭力的提升，政府主管機關更須提供銀行良好的經營環境，如商業及會計法規的制度及財務公開制度的建立，同時亦須避免銀行承受過大的風險。在回答中國國際商銀經研處王處長的問題時，

Mr. Yam 表示，今年七月香港回歸大陸以後，港幣匯率盯住美元的政策不變，同時香港的外匯存底亦不會用於香港之外。

另外，菲律賓央行總裁 Singson 亦在研討會中就菲律賓銀行監督的挑戰發表談話，他指出在1991到1996年間菲律賓銀行業總資產年增率為百分之二十七，在1996年底已達國民生產毛額的百分之九三，菲律賓央行所採取的自由化措施包括：(1)降低國內新銀行及分行設立的障礙；(2)放寬外國銀行設立分行；(3)放寬銀行向國外募集資金；及(4)降低菲幣存款準備率。同時有鑑於不動產貸款風險過高，菲律賓央行亦降低銀行不動產貸款與押值之比，並降低銀行不動產貸款佔貸款總額之比。

### 2. 福岡歷史之旅

五月十日下午乘著兩會之間的空檔，參加了福岡歷史之旅，共參觀了鴻臚館遺跡、福岡城址及大濠日本庭園。如前所述，鴻臚館是古代接待外國使節與客商的賓館，至今只有殘留在地面供作樑柱支撐的石塊，供人憑弔，福岡市當局亦在小部份石塊上模仿過去的建築搭建起部份房舍，想見當年繁華舒適的盛況。福岡城址係日本江戶時代所建，原本臨海，後因陸地擴張，現離海尚有二、三公里之遙，僅剩部份石牆、城樓及枯井等遺跡。大濠日本庭園建於十餘年前，有假山、花木及池塘，是一個典型的日本庭園，鄰近有一湖，湖水平靜無波，湖濱植有垂柳，頗有大陸西湖的風光。

### 3. 過去行員協會年會

緊接著福岡歷史之旅便是亞銀過去行員協會的年會，參加的人和前一天的酒會相仿，除了滕岡會長致歡迎詞及執行秘書報告會務外，亞銀美籍副總裁Peter Sullivan亦代表佐滕總裁致賀詞。原來預定各國過去行員均可有代表致詞，但因會場須及時騰出供亞銀總裁晚間酒會之用，在澳洲代表致詞後，僅兩位央行總裁，即我國前任謝總裁及菲律賓現任 Singson 總裁簡短致詞，謝前總裁除介紹我國亞銀過去行員外，並歡迎所有亞銀過去行員來台觀光訪問。Singson 總裁則以菲律賓近年經濟發展為傲，就各項經濟指標言，該上升的（如經濟成長、出口及外匯存底）都上升了，該下降的（如物價、失業率）都下降了，該平穩的（如匯率）也保持平穩。

### 4. 亞銀總裁酒會

按照慣例，亞銀總裁均在每年年會開幕之前以盛大酒會款待所有與會人士，今年亦不例外。酒會中，日式及西洋料理頗為精美，各式飲料齊備，美食當前，我與中國國際商銀的王處長除與相識的人士寒暄外，並趁機大快朵頤。值得一提的是日本皇太子殿下浩宮及太子妃雅子亦親臨會場，並與理事、貴賓們親切交談，我與內人亦趨近一睹太子與太子妃風采。太子與太子妃亦與許總裁交談，據參加年會的央行官員透露，許總裁應是以日語作為與太子、太子妃交談的工具。

## 六、五月十一日活動

五月十一日是年會正式開幕之日，上午的重頭戲是年會的開幕式，下午參加了博多歷史之旅，晚間則出席年會主席日本大藏大臣三塚博在 New Otani 旅館舉行的酒會。

### 1. 年會開幕式

今年年會的開幕式似乎較往年盛大隆重，出席的除了所有與會人士外，日本皇太子及太子妃均蒞臨，為開幕式增光不少。節目方面，更是豐富異常，首先是由室內樂團演奏西洋名曲，然後是兩段錄影片，一段是由亞銀製作的” Asia: Beyond the

Miracle“，顯示亞洲近卅年來經濟成長的奇蹟及所面臨的問題，另一段則是題名為”Welcome to Fukuoka“，由福岡市政府製作，介紹福岡市的文物風光。繼由日本著名女高音鮫島有美子演唱日本詩人北原白秋作詞的歌曲，再是一段日本傳統歌舞伎能(Noh)獅子的表演，最後才是開幕式的主題，包括年會主席日本大藏大臣三塚博、日本皇太子及亞銀總裁的致詞。

年會主席三塚博大臣首先對亞洲經濟的快速成長及亞銀過去卅年來的貢獻表示肯定，他認為今後亞銀在援助開發中會員國所面臨的挑戰為改善基礎設施，以促進廿一世紀的成長；致力於降低貧窮及改良環境；及加速政府及私人資本流入等。在對外援助方面，由於日本政府計劃於2003年將財政赤字降低到國內生產毛額之百分之三，對外援助無可避免地將遭到刪減，援外重心將從量轉到質，他亦建議被投資國與投資國間建立直接對話管道，以促使被投資國改善投資環境，吸引更多外資，這個對話將每年在福岡市舉行，稱為”福岡對話“。

日本皇太子致詞時，歡迎各國嘉賓參加此次年會，他指出亞銀自卅年前成立以來，對亞洲經濟發展貢獻頗多，但未來仍須對貧窮及環保問題作更大努力。他表示，本屆年會的標誌（除了顯示亞銀英文名稱的字首ADB外）是一艘航向大海的帆船，藉著各位參加年會者的努力，亞太地區可以航向一個更美好的未來。

亞銀總裁佐滕光夫的致詞，除回顧亞洲地區及亞銀過去卅年的轉變外，如何面對未來是他講詞的重點。他認為今後亞洲地區最重要的發展目標是要提升區域內人民生活的品質，區域內國家發展的程度不同，面臨的問題亦各異，但是貧窮與環保是大多數國家最大的挑戰，由於私人資本的流入已遠超過官方援助，能否有效地利用私人資本將是亞洲各國經濟發展的關鍵，亞銀本身資源亦有限，必須扮演催化的角色，才能達到最大的效果，今後亞銀努力的方向是要促進開發中會員國政策與革、能力增進與區域合作，以有效利用私人資本，達到降低貧窮、提升環保的目的。值得一提的，佐滕總裁以英語致詞時一直沒有念講稿，好似即興演講，心想他在年會百忙期間仍能將講詞背得滾瓜爛熟，且演講時面對數千觀眾及上百媒體攝影鏡頭，仍從容不迫，信心滿滿，使我佩服得五體投地，後來聽說他也是照念身前兩排移動的字幕，只是現代的科技使台下的觀眾看不出他在念詞罷了。

## 2. 博多歷史之旅

這次博多歷史之旅，本行趙總經理亦偕同參加，倍感榮幸。在江戶時代，博多(Hakata)與福岡本是兩市，前者以商業著稱，後者以城堡出名，直到十九世紀末兩市才整合為福岡市，所以博多是福岡商業區的古名，為紀念博多市，福岡市的主要鐵路站仍稱為博多駅。半日的博多歷史之旅共參觀了博多的民俗博物館、櫛田神社及樂水園。博物館展示了明治時代的博多織錦，雖係手工製作，但卻異常精美，所用的織布機較本省高山族所用的複雜甚多，其中有一模仿當年的商店，其陳設及貨品與台灣光復初期的雜貨舖有頗多相似之處。櫛田神社是福岡市最老的神社，其中供奉了三位日本開國的神，與我國廟宇不同之處是並無神像，但可供人祈福，神社旁有一高數公尺的竹架，上面疊放各種人物、動物的彩色雕像，有慶典時可抬出遊行。樂水園本是明治時代博多商人的別墅，有茶室及庭園，我們也在茶室內品嘗了日本的茶道。

### 3. 三塚博大臣酒會

晚間三塚博大臣的酒會與前一日亞銀總裁酒會一樣盛大，菜餚也極為豐盛，除了享受美食，並與其他與會者交談外，我有機會與亞銀首任總裁渡邊武寒暄。尤憶

1967年初亞銀成立伊始，渡邊總裁的首要任務便是任用合適的行員，他個人親自走訪各會員國，我便是在經他面談後才被亞銀聘用的。渡邊總裁現已年逾九十，身體還相當健朗，他依稀記得當年訪問台灣的往事，自成立伊始便在亞銀任技術處長的謝前央行總裁及前交銀董事長森中也是渡邊總裁聘用的。渡邊總裁曾詢問Dr. Hsieh是否在酒會，並要我轉達對他的問候之意。

## 七、五月十二日活動

五月十二日的活動，包括代表本行趙總經理出席亞銀債券承銷者的早餐會，參觀了位於長崎縣且充滿了荷蘭風味的豪斯登堡及晚間中國信託商業銀行晚宴。

### 1. 亞銀債券承銷者早餐會

由亞銀財務處處長Takeo Otsubo邀請的承銷者早餐會，因為趙總經理另有重要約會，所以由我代表參加。與會者都是過去曾擔任亞銀債券承銷者的銀行或證券商代表。餐會前，亞銀主管財務及行政的法國籍副總裁Pierre Uhel及Otsubo處長均發表簡短談話。他們表示，1996年亞銀財務狀況良好，盈餘572百萬美元，現金及投資估借款餘額百分之四七，利息涵蓋比率(Interest Coverage Ratio)為1.66。去年因為部份開發中會員國超額提前還款，以致亞銀借款總額僅554百萬美元，今年借款目標為2,600百萬美元，其中1,000百萬美元預計為美元，900百萬美元為歐洲貨幣，400百萬美元為亞洲新興國家貨幣（新台幣、港元、韓元等），200百萬美元為日幣。

## 2. 豪斯登堡之旅

豪斯登堡(Huis ten Borch)英文的意義是House in Forest，位於福岡市西南130餘公里的長崎縣境內，是一個由日本政府出資與荷蘭王室贊助且充滿了荷蘭風味的主題樂園，開幕已有五年，據悉該地係填海新生地，原擬建為工業區，後因缺水而改為豪斯登堡，其中有皇宮、博物館、教堂、旅館、電影院、餐廳、商店等，均為仿古荷蘭建築，並有私人花園洋房供出售，價值不菲，尚有運河、風車、花圃等荷蘭景觀，即使穿梭其間的遊艇及巴士亦是仿古荷蘭式樣。我們乘坐了運河上的遊艇，參觀了一座皇宮及博物館，看了兩場座椅會隨銀幕劇情幌動的身歷聲電影，大半天的遊覽似乎讓人有一遊荷蘭的感覺。從一個銀行業者的觀點，我頗好奇開發豪斯登堡共耗資多少，每年營收若干，目前是賺是虧，可惜陪同的義工都不知道答案。

### 3. 中國信託商業銀行晚宴

晚間中國信託商業銀行辜董事長宴請參加年會的中外財經金融界人士，包括許總裁及代表國官員、泰國副總理、菲央行總裁、亞銀韓籍副總裁及本行趙總經理等。在等候許總裁赴宴時，辜董事長講了兩則亦葷亦素笑話，以娛嘉賓，隨後他也報告了中信銀的業務近況，令我印象深刻的是中信銀的信用卡業務。中信銀是台灣最大的信用卡發行銀行（約360萬張），去年三分之一的盈餘來自信用卡業務，想不到一個小小的信用卡也有這樣大的商機。餐會中並有一位旅居日本的大陸藝人演奏二胡及清唱平劇「貴妃醉酒」。

### 4. 許總裁年會演講

五月十二日對我國代表團而言是頗具意義的，因為當日下午許總裁在年會發表了演講，可惜我因為參加了豪斯登堡之旅，而錯過了聆聽的機會，所幸亞銀當局在各國理事發表演講後，立即將講詞印製分發。根據許總裁的講詞，他首先對日本及福岡市政府就年會方面所作的安排表示感謝，並讚許亞銀在過去卅年間對亞洲開發中國家經濟成長所作的貢獻，他也介紹了台灣1996年經濟發展的狀況及政府為建設台灣為亞太金融中心所做的各項自由化、國際化的努力。在我國與亞銀的關係方面，他表示繼續支持亞銀的集資及其他活動，我國已承諾將捐贈第七次亞洲開發基金，去年亞銀在台發行七十億新台幣債券，我國亦有意參加大湄公河區域的開發計劃。最值得注意的是許總裁對亞銀擅改我會籍名稱的抗議，自1986年中國大陸加入亞銀後，我國會籍雖屹立不搖，但亞銀當局將我國會籍名稱從中華民國改為「台北，中國」(Taipei, China)，在亞銀所有文件中，我國均以此名稱之，即使許總裁在此次年會演講三度提到「Republic of China」，在印行的講詞中，亦被大會秘書人員改為「Taipei, China」，並以附註說明之。我國對改名一直表示嚴正抗議，曾連續兩年未出席年會，今年七月香港回歸中國大陸後，在亞銀的會籍名稱將改為「香港，中國」(Hong Kong, China)，從會籍名稱來看，會讓人誤導我國與香港是居於同等地位，嚴重矮化我國的國際地位，所以今年我國的正名問題也變得更為迫切。我政府一度曾希望將會籍名稱中「台北」與「中國」間的逗點去除，有逗點表示台北是中國的一部份，無逗點表示台北的中國，後者比較可以接受，不過今年七月香港改名後，即使我國會籍名稱中的逗點去掉，仍無法改變與香港名稱的雷同，據悉我政府對如何正名尚在研議中。許總裁在年會中重申對亞銀片面更改我國會籍名稱的抗議，並希望就此問題繼續磋商，以期圓滿解決，更增進我國與亞銀的關係。不過，正名茲事體大，在中國大陸極力反對下，要獲得亞銀當局及美、日等大國的鼎力支持非常困難，看來我政府還要繼續多努力下去了。

## 八、五月十三日活動

五月十三日惟一的活動是與一些愛好高爾夫球的過去行員打球，此次球敘是由亞銀過去總裁滕岡安排，福岡市商會贊助，在離市區約45分鐘車程的芥屋球場舉行，共有十人參加，分作三組。想當年滕岡總裁在任時，同為嗜愛小白球，上行而下效，一時球風鼎盛，參加亞銀高爾夫球俱樂部者極為踴躍，每月必舉辦比賽，每年有一次總裁杯比賽，高爾夫球俱樂部主席的身價亦大漲，雖名為選舉產生，實則由總裁欽定，任滿後升官有望。芥屋球場風景甚美，球道與果嶺整理亦好，可惜陰雨綿綿，只打了九個洞，我與內人頗有意猶未盡之感。午餐後，並頒發兩獎，其一是最高桿安慰獎，其二是最佳精神獎，後者是頒給一個曾因癌症三度開刀仍繼續打球的韓籍退休人士。

## 九、五月十四日活動

五月十四日是賦歸的日子，不意在回台北的長榮班機上遇見了一對多年不見、曾在亞銀同一單位共事多年的澳洲籍老夫婦，他們是從福岡市參加亞銀年會後赴台北轉機回澳洲，飛機抵達台北時是中午十二點，台北到澳洲的飛機要到晚間八點才起飛，他們不願在機場枯坐，要進入市區參觀故宮博物院，因為他們對台北不熟，語言又不通，我只好請假陪了他們半天。

另外，亞銀有兩位高級行員，一位是中國大陸籍現任農業技術處處長的楊為民，另一位是印度籍的經濟及開發資源處（即經濟研究處）處長，分別應在台南的亞洲蔬菜中心及中華經濟院邀請，於參加亞銀年會後順道訪問台北，商討合作事宜，中國國際商銀的王處長與我共同設晚宴歡迎他們，中華經濟院的謝董事長與曾任職亞銀與世銀的我國籍農經專家孫伯泉亦光臨作陪，想不到福岡之行卻在台北劃下了句點。

## 十、結語

總之，此次福岡之行，雖然行色匆匆，卻可算是多彩多姿，或許只有亞銀年會才有這樣多元化的節目，應該感謝亞銀的邀請與日本政府的款待。明年亞銀年會將在瑞士日內瓦舉行，若有可能的話，我希望再度前往，並順道一遊歐洲的風光。

八十六年六月十五日

# 越戰的見證

張天林

在近代史上，「越戰」被界定為美軍主導的這段時期的越南戰爭，是美軍與北越及越共之間的戰爭。事實上，就越南來說，越南戰爭應分為兩個階段：第一階段是越南人對法國殖民統治爭取獨立自主的對法戰爭；第二階段才是美軍介入南、北越之間的戰爭，最後知難而退之所謂「越戰」，結果反而是南北越一統江山。

安南（越南之本名）本屬我國之藩屬，十九世紀法國不斷侵入，自南向北擴展勢力，終於廣西省邊境與我清廷官兵衝突，是歷史上的中法戰爭。清廷據錯誤報導戰敗的訊息，於1855年與法國簽下天津條約，將對安南的宗主權讓予法國。自此，越南乃成為法國之殖民地。二次大戰之末期，胡志明集合國家主義派與共產主義派成立越盟黨，於北部河內一帶從事獨立運動。日本戰敗後越南戰區根據盟軍協議，分由英軍與我軍受降，以北緯十七度為界，北部由盧漢將軍率領之第一方面軍進駐受降，南部則歸英軍受降（當時法國被德軍擊敗而被佔領，德國扶植傀儡政權維希政府，在盟軍對德、意、日之大戰，僅戴高樂將軍自稱之流亡政權設立於倫敦）。由於英國無意佔領南部，可能亦不願看到中國勢力之延伸，以英法邦誼及區域安定為理由而同意法軍隨同登陸南部，因而原被日軍擊潰遭驅離之法軍得以重返越南南部，而盧漢軍團在北部停留七個月後，無再逗留之理由而撤出，由法軍取而代之。一九四六年至一九五四年，胡志明不斷爭取更多獨立自主未果，不斷與法軍發生衝突，法國人乃扶持遜皇保大復辟，圖以越南人主政以抵銷胡志明越盟組織之號召力。無奈保大皇昧於現實，胸無大志，民眾目其為傀儡。胡志明之越盟組織日漸壯大，雙方衝突逐漸升高為戰爭，同時法國本土政治不穩定，政潮迭起，倒閣、組閣頻頻，經濟因而受其影響，法郎不斷貶值，非洲廣大的殖民地紛紛舉竿要求獨立，法國政府顧此失彼，捉襟見肘，乃以無能力負荷遠征軍龐大之軍費，要求美國共同分擔。當時之美國政府意氣風發，正以世界警察國家自許，法軍在中南半島之戰亦具圍堵共產世界擴張之意義，故義不容辭，所負擔之軍事支出幾達全數之百分之八十。然而法軍遠征十里海外，師老兵疲，著名的奠邊府之役，精銳被圍，城陷兵降，終於與越盟黨開始談判，於一九五四年簽訂日內瓦和約，以北緯十七度為界，北部歸胡志明越盟政府統治，南部歸保大皇之越南政府（其時法國已同意越南國為在法國邦聯中之獨立國）。和約約定於一九五六年七月舉行全越民眾投票，決定南北之統一，又以停火開始計三百天內允許人民憑自由意志選擇住居地（南或北），因而產生大量人口之遷移，尤以北部之天主教徒南遷避共者達九十萬人。南北分治後，軟弱而過份依賴法國之保大皇在位僅一年餘。一九五五年十月，南越舉行公民投票，唾棄保大皇朝，改為越南共和國，由吳廷琰當選為首任總統，立即獲得西方大國如美、英、法等之承認，一面宣佈退出法國邦聯之後，法國殖民機構及遠征軍始撤離。吳廷琰獨身、勤政，頗得民心，是一個天主教徒，因而其左右近臣偏多信奉天主教，同時其推行之土地改革政策又與若干地方勢力的利益有所相背，屬於佛教支流之高台教及和好教，各據一方，亦各自擁有武力，政令之推行時遭阻撓。這時候在南越潛伏之越共見機開始蠢動，南北分治之寧靜局面南部逐漸開始凌亂，美國一面敦促政府與各教派協商，一面派軍進駐。當時美駐越洛奇大使（尼克遜敗於甘迺迪之競爭伙伴）對於政治改革具有主見，而與個性倔強之吳廷琰時有爭執。一一九六三年軍事政變，吳廷琰兄弟被殺，軍人執政團宣佈執政。美國國防部長麥納瑪拉偕參謀聯席會議主席泰勒上將來越作實地考察，返國後，著名的「有限度戰爭」於茲開始。「有限度」者，旨不在征服敵方而在於以強大之火力壓制敵方，迫使敵方體念無法在戰爭中得逞，而不得不坐上會議桌。其實，其反效果是敵方確知打這種仗不致有被滅亡之虞，而免除後顧之憂。當時美方國力正盛，有用之不竭之資源，自信必能在強大無比之火力下迫使越共疲於奔命，最後不得不認輸。孰知對上的是到處可以棲身，野草可果腹，晝伏夜出的越共游擊隊，美軍之火力雖足以壓制敵方，但無法令之屈膝。漫長的戰爭打得美國全國唉聲嘆氣。

法、越簽訂之日內瓦和約中有規定，在一九五六年七月，越南全境舉行南北越統一之全民投票。當時的情況是北越之人口多於南越，加以南越部份地區為越共所控制，當時如舉行投票有利於北越。吳廷琰政府以和約是法國與越南民主共和國（胡志明）兩方所訂，南越之越南共和國政府並未參與而拒絕承認自亦不予履行，自此以後北越之不遵守和約之行動亦以此作為藉口。一九六七年終止軍人執政，再舉行選舉，阮文紹當選總統，越共仍盤踞在邊境之叢林及沼澤區，從事於邊打邊跑之游擊戰，美軍不斷增加，局勢顯在掌控之中，越美之間配合相當順利，阮文紹政府之新氣象在美國支持之下，財政、經濟均頗為穩定，局勢雖在掌控之中，越共則並無放下武器之跡象，北越胡志明政府經由越、寮、棉邊境著名之胡志明走廊之接濟物資不斷運交越共。一九六八年農曆初二，越共發動著名之「春節攻勢」（Tet Offensive），大批游擊隊分別滲入向被認為安全區域之一百個城市。首都西貢市區亦被滲入發生巷戰，政府軍在美軍協助下費了相當時日才將巷戰中越共或擊斃或俘虜或驅離；中部重鎮故都順化市的巷戰僵持達一個月之久才告肅清。此役，就戰術論，越共是得不償失，折損了大部份精銳，美軍及政府軍以逸待勞，軍力之損失輕微，損失的是城市建築物的毀損，以及無辜人民的財物；但就戰略意義來論，卻是越共歪打正著，意義非凡。此一攻勢令美國全國震驚，對於詹遜總統猶如當頭棒喝，大夢初醒，很顯明的這已是一場打不完的仗，把年青的美國子弟送到幾千里外去幫人家打內戰，打得自己的政府、人民都垂頭喪氣，五十萬大軍居然沒能鞏固自己的陣地，讓從開始就瞧不起的越南小子恣意的潛入一百個心臟地帶的城市。詹遜總統有如洩了氣的皮球，隨後即宣佈不參加即將舉行的總統選舉，共和黨的尼克遜則高舉結束越戰之口號宣佈參選，並告當選。美駐越美軍總司令魏斯摩蘭上將於春節攻勢過後曾就教於我國名將駐越大使胡璉將軍，胡將軍建議其放棄原有「守點、守線」戰略，改以從南端湄公河三角州各省份起分區、分階段實行堅壁清野，清除區內越共游擊隊，迫其退向西北方叢林地帶，凡經已肅清之區域，則成立越南本土人治理之地方政府，在充份的美援下做到使人民安居樂業，自然令游擊份子無從滋生及立足。魏將軍雖甚以為是，無奈時不我予，洩了氣的美國國情已不可能支撐任何積極的軍事行動。同時，越共方面在「春節攻勢」中遭受相當嚴重的折損，亟需一段時間的整補，戰況轉而較為平靜。

一九六九年尼克遜就任美國總統後，二項重要的決定是：

(一) 越戰越南化

美國提供軍備，充實越南軍隊軍力，美國地面部隊逐漸脫離戰鬥，撤回本國，並將進而由越南空軍自行負起空中戰鬥及掩護之責。

(二)加強與北越代表在巴黎之接觸，達致和談，早日結束越戰，在未獲致和議前，仍將透過經濟援助與其他必要措施，促使越南之政治及經濟趨向穩定。

「越南化」亦是阮文紹政府所樂見，當時正因春節攻勢之嚴重折損，越共不得不退而補養，各地戰況尚稱平靜，阮文紹政府自信如獲美國充份供應戰備，配以經濟之安定，區區越共游擊隊，應不足為患，而「越南化」又可用以向越南人民宣示，越南政府之自主，不是為帝國主義而戰，非如越共宣傳之是美國侵略之戰。

一九六九年巴黎雙方接觸不久後提升為會議，展露些微和平曙光，「越南化」亦在推動中，美軍地面部隊開始逐批撤離，一九七一年阮文紹再度當選，連任總統，巴黎方面仍由美國與北越作試探性的和談。談談停停，美軍在越之軍力已由五十五萬人之高峰減低至十六萬人，大批高消費族之美軍人員之離開卻帶來當地經濟之蕭條，而半數以上國家預算投注於軍事，國防支出亦帶來通貨膨脹。美國舉國對於越戰之未能結束所展露的不耐煩，正是北越及越共所預料及企盼的，撤回本國之美軍重返戰鬥之機率幾乎不存在。一九七二年初，北越軍隊越過十七度緯線入侵廣治省，美軍立即報以戰略性的大轟炸（覆蓋北越全境及於所有工業及公共設施），其殺傷力摧毀了由蘇聯及中共援助而建的交通、運輸系統及鋼鐵等工廠，北越遭受嚴重的破壞，促使巴黎和談由談談停停、談談打打進入認真之談判，北越同意阮文紹政府參與談判以換取美國施加壓力迫阮文紹政府之同意越共NLF（National Liberation Front國家解放陣線）加入談判。是年八月美國國會又通過限制美國任何進一步的軍事行動。此時，北越已是胸有成竹，勝利幾已在望。

一九七三年一月終於簽訂「巴黎和約」主要內容有：

(一)立即停火。

(二)聯軍撤退，除美軍外當時參與越戰聯軍中有南韓、澳、紐、泰等國，其中以韓國之白馬師團駐紮於中部沿海省份之戰力最強，司令即盧泰愚將軍。

(三)組成四國監督停火委員會。

(四)雙方交換戰俘。

其中停火一項，雖由監停委員會負責監督，雙方對於前線之界定仍是爭執不已。實務上，越共游擊戰之前線或後方並無明顯之區別，因此爭執難免，因爭執而起之衝突仍不斷發生，雖然規模不大，但仍是危險信號。由於美國國內反越戰風潮越演越烈，是年八月國會通過限制任何進一步之軍事行動，給予北越及越共解放陣線大好時機，一九七四年軍事行動頻頻，阮文紹政府不得不縮小防區，放棄若干邊境前哨。一九七五年初，北越軍大舉南侵，重要城市相繼失守，南越軍心潰散，簡直是不戰而散。四月阮文紹宣佈辭職，逃亡海外，看守政府不旋踵亦無條件投降，一九七六年正式成立越南社會主義共和國，河內市為首都，西貢市改為胡志明市。

檢視美國之應否投入越戰，確是有待商榷，詹遜總統認為越南如淪為共產國家，東南亞其他國家必定是岌岌可危，日內瓦和約簽訂時，胡志明之越盟黨是國家主義之反法國殖民政府行動派與共產黨之組合，如以左右來區分，可以稱為左派，但尚不能視之為共產黨，但戰爭規模擴大後為對抗強大的美軍，乃不得不依賴中、蘇二國之援助，而使共產主義之影響力愈甚，本來越南民族向來忌諱來自北方鄰國的影響力，歷史上長期受到中國之統治已是根深蒂固，成為越南人的陰影。法國殖民政府敗退時，如讓越南人民自決，未必一定是倒向中蘇共，美國可以經濟援助幫助改善人民生活，亦可以提供適度軍援幫助治安的維持。誠然美國之參與越南事務，經歷四任總統，始自艾森豪總統派遣一個九百人的軍事顧問團以訓練越南軍隊，甘迺迪總統擴增至一萬六千名之後，改名為美國軍援司令部，一九六四年北越外海東京灣北越巡邏艇以魚雷攻擊美國在公海之驅逐艦，美國國會通過著名之「東京灣決議」(Tonkin Gulf Resolution)授權總統採取一切必要措施以排除攻擊……防止進一步之侵略。東京灣決議是國會配合詹遜總統大規模介入越戰給予之全面支持，從此一發不可收拾，最後由尼克遜任內收拾殘局，犧牲扶植多年之阮文紹。

越戰是美國參與國際戰爭中費時最久，傷亡最慘重（陣亡57,065人，受傷303,700人）國內政治因而嚴重分歧，經濟資源耗損久久未能復原的戰爭。

越南經歷二十餘年戰爭之磨練，其軍隊之戰力在東南亞應是無可匹敵，其經濟在多年的自閉中脫穎而出，加以天然資源豐富、人種優秀，假以時日，必將是東南亞舉足輕重的角色。

八十六年十月十五日

# 旅菲雜記

何鼎建

在旅居菲律賓多年後，終又回到台灣了，回家的感覺真好！這些日子，菲律賓的一切，仍不時在我的腦海裡湧現，畢竟在那裡渡過了我最美的青、壯年時代。

我是在民國五十六年四月赴馬尼拉亞洲開發銀行（亞銀）任職。那時候亞銀成立伊始，需才孔亟，所以委託我中央銀行向有關單位甄選行員。我在交銀設計委員會參與徵信工作，很幸運地被交銀推薦，並蒙亞銀派用。迄今年二月退休返國，不覺已渡過了廿八個寒暑。

## 菲律賓今昔

在一九六〇年代，菲律賓經濟發展居亞洲第二位，僅次於日本，無論國民所得、進出口貿易及生活水準，均較台灣為高。加以當時亞銀所在地的馬加智社是一個二次大戰後才開發的新社區，規劃相當完善，商業區街道寬廣，大廈林立，住宅區高尚整潔，安全舒適，且無交通擁塞及空氣污染，生活環境非常理想。在工作方面，亞銀第一任總裁渡邊武曾將亞銀比喻為家庭醫師，希望對開發中會員國提供如家庭醫師般親切又及時的服務。當年在亞銀任貸款計畫審核處處長的謝前董事長森中曾言，那時亞銀工作同仁都有一股創業的朝氣與衝勁，要為亞太經濟發展及亞銀的百年大業打下基礎。所以在生活及工作上都相當令人滿意。

經過了這近卅年的光景，菲律賓經濟每況愈下，僅近兩年略有起色。馬尼拉大都會人口暴長，公共設施不足，交通及空氣污染均趨惡化，生活品質自受影響。同時台灣媒體對菲律賓報導，負面居多，如颱風、水災、地震、火山、政變、綁票、搶劫等，更加深了國人對菲律賓的不良印象。相反地，台灣自民國六十年代經濟起飛，成長快速，已成為亞洲四小龍之一，不僅在政府與公私營企業發展機會劇增，待遇也大幅提高，與亞銀的差距縮小，同時投資與置產亦可獲利。這些年來，亞銀由成長而成熟，業務受資金及借款國家計畫執行及償債能力限制，再擴展不易，會員國、尤其是已開發的會員國，雖可從亞銀獲得採購等商業利益，因國內及國際情勢演變，對亞銀的支持，已不如早期熱烈。由於各種主觀及客觀因素的變遷，在亞銀工作恐怕沒有以往那樣大的吸引力了。

菲律賓地處熱帶，是我國最接近的鄰邦，全國共有大小七千餘島。因受西班牙四百年及美國五十年統治，有些方面（如民主、宗教、及語言）較我國更西化。雖然菲國天然資源豐富，但是由於缺乏外患激勵，人民生性懶散，加以馬可仕時代貪污腐化，艾奎諾夫人時代毫無建樹，所以經濟發展不僅較我國等四小龍落後，亦不如東南亞諸鄰邦。惟自羅慕斯總統上任後，銳意革新，力圖振作，政治情勢安定，經濟亦趨復甦。國民生產毛額從一九九二年的零成長，進步到一九九三年的百分之二及一九九四年的百分之四，今年可望達百分之五。一九九三年菲律賓平均每人所得僅八三〇美元，不及我國一〇、五三〇美元的十分之一，且財富分配不均，貧富懸殊亦較我國為甚。

兩年前，因艾奎諾夫人六年主政時代，未建新電廠，且將馬可仕新建核能電廠廢而不用，造成嚴重停電，羅慕斯大力推行所謂建造、營運、及移轉（Build, Operate and Transfer）方案，鼓勵外資興建電廠，成效斐然，缺電危機得以化解。不過其他公共設施，如自來水、交通運輸、電話通訊等，仍須加強投資改善。對外貿易方面，菲律賓去年出口一二八億美元，較我國的九二四億美元，相去甚遠，平均每人出口金額僅我國的廿二分之一，國際收支有賴四百廿萬海外勞工匯款挹注。馬可仕時代，大舉向外浮濫借款，外債總額前年底仍達三五三億美元，出口約四分之一用於償債付息。今後菲律賓如能維持政治穩定，繼續推行經濟革新，以其豐沛的天然及人力資源，適度成長，應可達成。

## 亞洲開發銀行

亞銀設在馬尼拉，總體而言，應該是利多於弊。

在弊的方面，馬尼拉在位置、建設、文化、環境等方面，自遠不如華盛頓（世界銀行及美洲開發銀行所在地）與倫敦（歐洲重建開發銀行所在地），學術、出版及資訊等，較為落後。各項天災，如颱風、水患及地震等，亦屬頻仍，造成不少困擾與不便。艾奎諾夫人時代六次政變，其中一次，叛軍佔領馬加智商業區及住宅區，行員雖無傷亡，但已飽受虛驚。近年綁票案增多，亞銀行員，因不夠富有，且有外交人員身份，所以未成為綁票對象。菲政府及亞銀對總裁安全相當重視，亞銀並斥資進口防彈賓士轎車乙輛，供總裁乘用，以防意外。亞銀為防閒雜人等進入，行員均須配戴行員證，訪客須登記，並配戴訪客證。一般零星搶劫財物雖有，但亞銀行員均有自用車，乘計程車機會較少，出入機場（包括出差及一年一次返國渡假），均有公家車輛接送，所以尚未聞重大案情。前年因停電情形嚴重，部份行員曾自資進口小型柴油發電機，供住宅用，但因噪音過大，干擾鄰居，而鮮有使用。

在利的方面，馬尼拉在亞洲地理位置適中，赴各會員國差旅方便。菲律賓生活費用較低，外籍行員因美金待遇，可以恣意花用，或有餘裕。居住多為花園洋房或高級公寓，外圍有警衛保護。菲地工資低廉，就業機會不多，使亞銀可以從寬雇用當地員工，外籍行員均雇二、三女佣，對子女眾多且幼小者，助益匪淺，雇司機者亦甚普遍。馬尼拉的各項設施，尚屬廉宜，如電影票僅約一美元，且不清場。其他餐飲及運動俱樂部等，收費亦頗合理。不少外籍行員，單身或原配過世或離異，娶年輕菲女，更是一大收穫。就子女教育言，亞銀外籍行員多將子女送入馬尼拉國際學校，前身為美國學校，高中畢業後，即赴美國大學就讀，爾後在美就業，我中國籍同仁子女，亦復如此，所以中文程度較差，中華文化薰陶亦較淺，是利是弊，只有見仁見智了。

在亞銀成立前，曾考慮總部設在東京、曼谷或新加坡。東京生活費用昂貴驚人，英語秘書難求，亞銀本身及行員均恐不勝負擔；曼谷交通擁塞，可能冠於全球，出門自是不便；新加坡管理嚴格，動輒罰款，失去不少自由。此外，伊朗曾以亞銀設在德黑蘭作入會條件，除位置偏遠外，一度伊朗政局大亂，如亞銀設該處，恐有非他遷不可的命運。

亞銀在成立時，總部設在馬加智商業區，租用部份首都銀行大樓辦公，以後人員擴充，不敷應用，辦公處所分散附近數個大樓。一九七二年底遷至羅哈斯大道菲政府為亞銀所建的大廈，面臨馬尼拉灣，落日餘暉，景色優美，後來對面填海新生地被大批違建貧民戶佔用，大煞風景。大廈前亞銀會旗與四十餘會員國國旗迎風飄揚，甚為壯麗！一九八六年，中國大陸參加亞銀，我國會籍名稱被擅改為「台北，中國」，我政府迄今仍嚴正抗議中；同時，中國大陸亦反對我國國旗懸掛，亞銀當局遂將所有會員國國旗取下，僅保留亞銀會旗，空留旗桿，令人悵惘。

以後亞銀繼續擴充，再度分散數處辦公，至為不便。一九九一年初遷至曼達樂榮社區現址亞銀自建大廈，原行廈以市價售與菲政府，現為菲外交部所用。因近年亞銀行員已不再增加，新廈足敷使用，有一層樓尚在閒置中。曼達樂榮為一新社區，自亞銀總部遷往後，發展一日千里，附近商業區及住宅區均大肆擴充，不數年大百貨公司及觀光旅館相繼興建落成。其中有一連鎖大百貨公司，名為鞋市，係華商經營，與亞銀總部緊鄰，內有十二家電影院，一大商場及一超市，其他小店無數，商品、飲食及娛樂，應有盡有，每日川流不下五十萬人，號稱亞洲最大百貨公司，週末購物或閒逛，亦是一大樂事。

亞銀行員分為專業性行員（Professional Staff）與輔助性行員（Supporting Staff）兩類，前者自辦事員（Officer）至處長均屬之，來自各會員國，待遇以美元計，且免稅（菲籍除外），享有部份外交特權（如免稅進口自用轎車及煙酒等）；後者包括助理、秘書及其他管理、事務人員等，幾乎全部菲籍，待遇以菲幣計，須向菲政府繳納所得稅，不過誠實申報者較少，自亦無外交特權。兩類行員涇渭分明，升等不易。去年底，亞銀共有專業性行員六四五人，輔助性行員一、二八一人。

亞銀專業性行員來自四十三會員國，以經濟、工程及財務分析等專業為多，會計、法律次之，近年亞銀重視環境保護，環保人員亦增加。就工作經驗論，大多數曾在各國財政部、中央銀行、經濟計劃機構、開發銀行及公私營企業服務。專業性行員中，早期加入者，多為正式行員（Regular Staff），無任期限制，可服務至六十歲退休；近年加入者，均為定期行員（Fixed Term Staff），任期三年或五年，期滿後視工作表現改為正式行員或離職。日本商業銀行喜派定期行員赴亞銀工作，經過三、五年歷練後，國際經驗較豐，英語能力加強，回國後畀以涉外事務重任，或派赴國外分行，使亞銀成為他們訓練行員的場所。專業性行員雖然背景、文化、語言、宗教信仰均有不同，所幸大家都有相當的專業知識與工作經驗，性格亦頗成熟，在共事及溝通上，大致尚不困難。亞銀係以英語為工作語言，除少部份從英語系國家來的行員外，英語咬字及腔調因國籍而異，且各具特色，亦頗有趣。英文表達及寫作能力強者，在亞銀工作自然方便許多。近年亞銀在業務上，注重婦女在經濟發展中的地位，同樣地在招募行員中，亦偏好女性，惟同仁女眷，不在其列。亞銀因係國際機構，各國專業性行員雖無配額，但維持合理分配，至為重要，尤以高階為甚。近年來因人員不再擴充，升遷管道愈趨狹窄。

我國在亞銀專業性行員中，早期有十一位，包括謝前董事長在內，那時專業性行員總數不過二百餘人。迄前年初有一段長時期，我國籍行員是七人，約佔專業性行員總數百分之一，與我國股權相當。我國籍行員今年初共有九位，有三位較資深行員，包括我在內，均在今年內提前退休，據悉亞銀已透過我中央銀行物色新行員中。在歷年的我國籍行員中，以謝前董事長職位最高，他從民國五十六年加入，到七十年退休，均擔任貸款計劃審核處處長之職，在亞銀各單位中是工作及責任均最繁重的一位主管。謝前董事長以他深厚的學養，豐富的經歷，以及卓越的領導能力，使亞銀貸款計劃評估與作業，提升到最高的專業境界，也奠定了亞銀在亞太經濟發展扮演重要角色的基礎。謝前董事長平易近人，和藹可親，深得亞銀同仁的愛戴，直到現在還有許多亞銀同仁表達對他的尊敬與懷念。謝前董事長從亞銀退休返國後，仍關心並參與亞銀事務，後來擔任央行總裁，兼任亞銀理事，每年必率團出席亞銀年會。在台灣對亞銀瞭解深刻者，恐無人能出其右。謝前董事長對亞銀我國籍同仁亦關懷備至，我們都尊他為大家長。

在亞銀工作，出差旅行是一項重要的任務，尤其是赴借款會員國，以業務單位出國機會較多。舉凡對受援國的經濟研究、援助策略及方案，個別貸款計劃的資料搜集與評估，貸款的運用、考核與計劃完成後的審查，以及技術援助的評估與執行等，均須派團至借款國與政府及有關執行機構研商，其他如聯合貸款、債券發行與資金運用、行員招募，及參加各項會議、討論與講習等，亦須出差。出差人數由一人至五、六人不等，視情況需要，如對貸款計劃在技術或其他方面作深入評估，亦聘請顧問隨行。出差期限一般自三天至二週不等，出差期間雖可乘機遊覽各國湖光山色，探訪風土人情，但亦有相當職責，尤其是以貸款計劃評估團最重，團長的職責更遠甚於團員，團長除事前充份準備外，在出差期間，須綜合各團員的資料與分析，代表亞銀與政府及計劃執行機構研討計劃內容及貸款條件等，如有需要，須與政府作政策對話，離開前與政府及有關機構簽署備忘錄，返回馬尼拉後須撰寫回行報告，送各單位審閱，然後準備貸款計劃評估報告，經各單位討論並修正，在貸款合約與借款國達成協議後，經處長、副總裁、總裁批准，呈送董事討論通過。團員僅就各人職責範圍內，搜集資料、整理分析、提出報告，並協助團長草擬備忘錄、回行報告及貸款計劃評估報告等。有關業務之出差旅行，各單位主管可在預算之內逕行批准，但參加會議、研討、講習等，則須經總務處（主管預算）、副總裁及總裁批准，以杜絕浮濫。往年總裁、副總裁、董事、各單位正副主管，出差旅行均乘頭等艙，其餘則乘商務艙，前年為響應世界銀行之例，僅總裁乘頭等艙，其他一律乘商務艙，以示節約。

亞銀待遇尚稱優厚，目的在於吸引歐美等已開發會員國的專業人士參加亞銀工作，同時也要補償在馬尼拉的各項不利與不便，職工會多年來對待遇的爭取，也是原因之一。在薪給方面，專業性行員薪給原則上比照世界銀行，因為亞銀與世界銀行業務大致相同，人員亦有流通及競爭。輔助性行員薪給則參照馬尼拉生活水準及其他待遇最好的外國機構，如美國大使館及花旗銀行等。專業性行員間最高階的薪給約為最低階的五倍，專業性行員與輔助性行員薪給差異尤大，如以處長與新進秘書相較，可達廿倍以上。在福利方面，計有眷屬津貼、子女教育津貼、房租津貼、回國休假津貼、離職津貼等，其他休假、保險、退休等辦法亦甚完善。亞銀總部設有福利社，對專業性行員出售進口免稅煙酒及日用品，規模不下於小型超市。

此外，亞銀對行員的聯誼休閒活動亦頗重視，每年撥款作休閒費用，足敷各單位舉辦春季郊遊及聖誕晚會之用。對各休閒社團，如合唱社、攝影社、舞蹈社、網球社、太極拳社、高爾夫球社等，亦作補助。各社團中，以高爾夫球社人數最多，活動最繁。馬尼拉四季如夏，附近球場眾多，收費廉宜，桿弟服務亦佳，可說是打球的天堂。我在子女赴美後，週末與內人打球，是一大享受。尤憶有一任亞銀總裁及夫人均嗜打球，一時球風鼎盛，而被總裁相中為高爾夫球社主席者，更是身價百倍，加官進祿，自是不在話下。

我在亞銀廿八年間，先後在業務、政策及經濟資料等單位服務。回國後，能復進交銀，深感榮幸。交銀與亞銀同為開發銀行，我希望能以亞銀的經驗，對交銀的開發業務，略盡棉力。生活在台北，雖然居住、交通及打高爾夫球等方面不如馬尼拉舒適方便，但是台北濃郁的人情、鄉情及親情卻是馬尼拉享受不到的。但願在經過一番調適後，能再創生活的第二春。

八十四年五月十五日

# 夏威夷熱力四射

張家鉉

藍天、碧海、艷陽、沙灘、椰樹、比基尼女郎、草裙舞……夏威夷的熱力四射，來此渡假，別有一番滋味。

「Aloha！」甫出機場，戴著花環的熱情女郎，迎面向你致意，表示歡迎。今日的夏威夷，匯集了來自玻里尼西亞（Polynesia）、歐洲、亞洲等地的移民，人口一百二十萬，可說是種族的大熔爐。亞洲人裡以日裔最多，無論政治、經濟、文化都具相當影響力。二次世界大戰結束，美國雖然戰勝日本，但今日的夏威夷卻被日本人佔據了。目前日幣相對美元升值，推波助瀾，日本旅客受惠最多。因此，望眼街頭，成群結隊的，不論男女老少，幾乎都是東洋客。

夏威夷包含八個主要島嶼，其中兩島不對外開放。居民多集中在夏威夷島及歐胡島，州政府所在地檀香山位在歐胡島（Oahu），珍珠港事件發生於此，遙想當年，日機偷襲，多少美軍將士壯烈犧牲，葬身海底，英勇精神長留人間。

筆者此次應美國花旗銀行之邀，參加旅行支票暨票匯業務研討會而來，算是舊地重遊，倍感鮮麗而生動。會期共計七天（八十三年十月十六日至二十三日），與會人員俱是國內外匯指定銀行的金融同業，平時工作緊張，各為事業打拼，聯繫不多；如今難得有緣相聚，卸除嚴肅的外表，彼此互相交流工作經驗，一週下來，心得不少。暫且撇開業務，談談旅遊之所見。

## 一、風土人情

夏威夷年平均溫度為攝氏二十四度，富熱帶風光，利用天然資源，規劃成觀光勝地，街上行人穿著簡便，T恤、短褲、拖鞋、情侶裝，色彩鮮豔，悠哉閒適地擁向威基基海灘（Waikiki Beach），戲水弄潮，編織成一幅浪漫的歡樂天堂。日本人情有獨鍾，特別偏好在此流連享樂之外，還動起生意腦筋，臨海大肆購地建屋，炒熱房地產，聚資構築高級豪華的鑽石住宅區。每幢售價高達三千五百萬美元，據說台灣客在此購屋置產者大有人在，動輒以現金支付，讓當地人咋舌，看得目瞪口呆。在眾多的富豪中，還是以日裔小林先生（HAYASHI）的故事最為人稱道。當初赤手空拳來夏威夷打天下，以美金五十元起家，原先置身於觀光服務業，克勤克儉，一帆風順。而今財產高達數億，躊躇滿志，惟憾無後，乏人繼承，已預立遺囑，死後捐獻全部財產，回饋社會，引為佳話。

夏威夷四季如夏，風和日麗，枝繁葉茂，花錦草盛，放目四周，綠蔭處處。原住民長期生活在此畫圖中，悠閒自在，喜歡唱歌跳舞，彈吉他，賺外匯，生活容易，一切事情都可以慢慢來，他們不但享有了現代文明，還能保留原始的況味，該算是有福的人了。

## 二、ALOHA節

夏威夷在十八世紀，由當時的國王卡美哈美哈建立王國。一八九八年經由美國聯邦議會討論通過，正式納入美國領土；嗣於一九五九年正式成為美國的第五十個州。

夏威夷人熱情豪放，尤其是當地原住民對其王國時代的歷史，耳熟能詳，津津樂道。緬懷原始的傳統活動，希望能有所延續，便從一九四六年起，開創ALOHA節，成為大家共同參與的盛典。

一般旅客初來夏威夷，第一句學會的當地土話，就是ALOHA。這句話的意義是敞開胸懷來熱情接待外地人，當作自己的鄰居或親友。節慶便以此為名，每年十月大家載歌載舞，歡度佳節。當地最大的四大僑社—中國、菲律賓、日本以及葡萄牙—都會端出拿手絕活，參加表演，共襄盛舉。國人熟悉的舞龍舞獅，自然也會在張燈結綵中登台亮相。

慶典的另一重頭戲，便是各島的花車遊行。居民會選出過去一年中，當地最具代表性的一男一女，成為慶典中的國王與皇后。坐在花車裡，在樂隊的前導下，沿著主要市區遊行。

為了讓慶典成為全民同樂的活動，長達一個月的ALOHA節期內，旅客們可以利用主辦單位製發的慶祝綵帶，享受各種優惠。舉凡藝術展覽、音樂會、博物館、租車服務、珠寶和藝品交易、渡輪、以及各類餐飲，均會推出折扣辦法，提供觀光客各種便利與服務。

## 三、可愛島（Kauai）

我們此次行程，曾遍及四島：夏威夷（Hawaii）、茂宜（Maui）、歐胡島（Oahu）、以及可愛島（Kauai）。在夏威夷島，看火山國家公園，彩虹瀑布、蛇木森林以及火山隧道。在茂宜島，看針頭山的翠谷美景；再往捕鯨鎮，漫步在古典氣息的街頭尋找往日的幽情。在歐胡島則享受威基基海灘的湛藍海水以及恐龍灣人魚共泳的美妙體驗。可愛島位在北方，對國人來說，足跡罕至，較為陌生，卻是夏威夷當地人心目中的世外桃源。

可愛島號稱「花園之島」（The Garden Island），花香滿溢，整個島被白色沙灘環繞，從上空鳥瞰，像一條白色的絲帶，美麗極了。

庫克船長當年發現夏威夷，便是在此登陸，因此，島上的歷史文物、古老傳說特別多。比起其他島嶼，它保留了更多的原始風貌，也因此成了好萊塢製片的最愛。繼「侏儸紀公園」之後，由於可愛島多元的林相景觀，亦曾在其他影片中扮演過非洲莽林、澳洲的美麗森林以及「金剛」片中的原始林。島上居民，多是當地土著，黝黑的皮膚，天生的超大體型，樂觀知足的臉上，洋溢友善的笑容，能歌善舞，親切又和氣。

該地盛產甘蔗及鳳梨，過去煉糖業甚為發達。曾幾何時，人工騰貴，盈利不多，有些歷史悠久的糖廠，停工關閉以後，卻成了遊客參觀的古蹟。

東南邊的威奴亞河（Wailua River）是全夏威夷唯一可以航行船隻的河流，搭船可到上游的一個蕨類岩洞，相傳是戀人的聖地，許多當地人及外地遊客均樂於專程來此結婚，討個吉利。當天我就曾看到好幾對新婚夫婦，狀極親暱，不免讓我亦沾到了喜氣。

那伯里海岸是從海中上升的峭壁，被四個山谷橫切，造成許多奇景，飛瀑怒潮，蜿蜒小徑，徒步攀登，刺激有趣，吸引了不少世界各地的山友，前來可愛島較勁。不論上山下海，均是野趣十足。

## 四、珍珠港（Pearl Harbor）

珍珠港位在檀香山，因日本於一九四一年十二月七日偷襲而馳名。當初日軍的目的在於癱瘓美軍太平洋艦隊，使美國無暇干涉其侵略計謀，主事者是日本聯合艦隊隊長山本（Isoroku Yamamoto）。偷襲的當天早上，美軍太平洋艦隊有一百三十艘艦艇安然無事的停在港內，七點時分在歐帕拿角（Opana Point）的美軍雷達站發現一大群飛機從北方飛近，卻不幸誤判，以為係由美航空母艦企業號（Enterprise）起飛，前來巡邏的飛機或是一批由美國本土飛來的B-17偵察機群，致未採取任何行動。結果不幸讓日本飛機在當地上午七點五十五分投下了炸彈，完成了第一次的偷襲。上午八點十分，美軍戰艦亞利桑那號（Arizona）中彈，全艦連同一千一百七十七名官兵一併沉沒。接著奧克拉荷馬號（Okalahoma）、加利福尼亞號（California）、西維吉利亞號（West Virginia）紛被擊沉，死傷枕藉，損失慘重。因此激起美國上下的團結意識，同仇敵愾，誓與日本決戰到底。

戰事結束，緬懷殉難將士，美國各界希望在浮沉中的亞利桑那號的半截艦上建立紀念堂，永懷追思。一九四九年夏威夷特別行政區乃成立戰事紀念委員會進行籌劃；次年，美軍太平洋總司令亞瑟・雷德福將軍(Arthur Radford)下令在亞利桑那號上升起美國國旗，率先紀念陣亡將士。一九五八年艾森豪總統批准建造紀念堂，經費來自政府撥款與民間募捐。一九六一年建造完工，次年舉行落成儀式。

根據總工程師Alfred Preis所述：紀念堂的結構形式，中間凹下而延伸至挺拔聳立的兩端，其意義表示初遭敗績，歷經艱險，終告勝利。就整體而言，呈現一片祥和，而不悲傷。三面開窗，共計二十一格，象徵二十一炮響，作為對陣亡將士的最高敬禮。

落成以後，美國海軍簽約委由國家公園管理處代為管理與維護。另於一九八〇年附設遊客中心，製發入場券，先看「偷襲珍珠港」的歷史紀錄片，再由管理員引至登船處搭渡船前往紀念堂遊覽參觀，憑弔致哀。當然，日本遊客亦不例外，昔日恩怨，似已隨風而逝，無人再去計較了。

## 五、玻里尼西亞文化中心與愛之船

玻里尼西亞文化中心（Polynesian Cultural Center）創立於一九六三年，由摩門教會（The Mormons）主辦，旨在保留當地土著文化景觀，並讓其附設的楊百翰大學夏威夷分校學生（Brigham Young University-Hawaii）能有觀摩與打工的機會。舉凡表演、餐飲、領位等服務，悉由學生分擔，另以中心提供獎學金的方式論時計酬。台灣留學生在場工讀的人數不少，他鄉遇故知，談來頗感親切。

土著文化涵容了夏威夷（Hawaii）、斐濟（Fiji），薩摩亞（Samoa）、東加（Tonga）、紐西蘭（New Zealand）、馬貴斯以及大溪地(Tahiti)等七族的精髓，宛如日月潭的九族文化村。表演特色無非是熱與力，藉由歌舞回復原始，赤裸人性。惟憾穿插其中的民間古老故事，觀眾多因未能瞭解其文化背景，難有適當的回應。

薩摩亞人坦然無私，在倡言「隱私」的今天，令人有點不可思議。家居生活中由男人負責做飯，食物多取自椰子。為了採摘高高樹上的椰子，薩摩亞人練就了一身的爬樹本領，上下自如，猶如囊中探物，既快又準。他們也是天生的橄欖球好手，薩摩亞人一直是美國各大橄欖球隊熱中網羅的對象。

「愛之船」是一艘雙層大型客輪，載客出海觀賞夏威夷落日美景，啖龍蝦、吃牛排、並備有許多歌舞及娛樂性節目，與遊客一起歡樂，亦即所謂帶動唱，台上台下融為一體。我們曾經點唱「梅花」一曲，國語歌曲在海外響起，令人振奮，獲得如雷掌聲，十分難得。

## 六、補遺拾漏

開闢國際航線，費時耗力，需要投下大量資金，回收不易。而美國國內航線多因景氣不佳，淘汰率高。夏威夷曾試闢國際航線，配合觀光旅遊，終因業績不佳而中止。惟獨夏威夷航空公司以及阿囉哈航空公司別具慧眼，採定點航線，穿梭於夏威夷境內，機票採不對號入座，營業情況相當不錯。據悉阿囉哈航空公司係由美籍華裔創設，平時熱心公益，每年花車遊行，捐款贊助，回饋社會。

夏威夷位在熱帶，盛產鳳梨、甘蔗之外，最出名的土產是夏威夷豆(Macadamia Nuts)，每年銷量甚多。另一賺錢的行業竟然是皮草店。許多人不會相信，四季炎熱的夏威夷，怎會用上皮衣?原來是當地富人發明的一種享樂方式。在家關閉門窗放足冷氣，穿上皮衣，嚐一嚐冬天的滋味，過足癮頭後便脫下皮衣，交回皮草店代為收藏維護，讓皮草店多一分進帳，有錢可賺，當然樂得為售後服務。

當地導遊李君（Ken Lee）年幼隨家自台來美，目前定居檀香山，夏威夷大學畢業，行將繼續深造，專攻企管。特約伴遊解說一週，會講國、台、英等三種語言，給予我們極大方便，與一般專業導遊迥異之處，從不引荐採購，言談之間還帶幾分幽默。據他說，夏威夷族群相處融洽，惟同中仍然有異。且以中、日、美等三國女士代表來比較：各人都穿上裙子，戴了一頂新帽，突然吹來一陣風，且看個別反應如何？美國人護帽不護裙；日本人護裙不護帽；中國人護裙又護帽。何以如此？各人價值觀不同。美國人認為新帽購來不易，不能吹落，風掀裙子，由它去吧！日本人認為裙被掀起太不雅觀，心態比較保守。中國人則會運用智慧，既護帽又護裙。如斯說法是否正確？不得而知，但信不信由你。

## 七、旅遊心得

「快快樂樂出門，平平安安回家。」是一句大家耳熟能詳的交通安全標語。但對在外旅遊的我們而言，何嘗不是希望如此？為期一週的業務研討會，在美國花旗銀行的週詳規劃下，大家都能乘興而來，盡興而返。感激之餘，也慶幸能交了不少金融同業，經過一週相聚由陌生而熟稔，進而發現有好幾位的長相分別酷似院長與影視明星，於是陳履安、樂蒂、鄧麗君……等人一一在團裡浮現，叫開以後，增添不少笑料，人亦跟著年輕了。

「台灣錢淹腳目」使得旅遊風氣一時大開，每年花在觀光上的外匯為數不少。根據行政院主計處發表的統計資料，前（八十二）年一整年內，共有四六五萬人出國，觀光佔絕大多數，居八十五・七％。至於前往地區，以香港最多，佔總出國人數的四一・五％，依次為日本佔一五・八％，泰國九・九％，美國八・八％，新加坡五・五％。惟台灣旅客形象尚待建立。間有部份人士財大氣粗，穿金戴銀，曾經鬧過不少笑話，花了錢還不受人尊敬，確有檢討的必要。筆者出國已多次，願將個人旅遊途中的經驗提供出來，作為參考：

（一）多聽話：用心聽清楚有關解說與規定。譬如飛機空服員有關安全帶與救生衣的使用說明；亂流來時，不可起身，力持鎮靜。又如參加旅行團，記住大家集合的時間、地點，不要使自己落單或者延誤別人的時間。

（二）少愛現：不在公眾場合高談闊論，大聲喧嘩，引起別人的斥視。衣著方面，以輕便舒適為主，行動起來亦會比較俐落。

（三）不要太勇敢或太好奇：有時，人走出國門，投向自然，一見到山光水色，心中頓時充滿好奇，不顧安全地冒險犯難，或者是對陌生人不問究柢，太過於善意熱情，都會為自己招來危險。畢竟旅遊是一件賞心悅目的事，不要存有太多的浪漫幻想。「安全第一」才是最重要。

最近看到攝影大師郎靜山先生書贈的一副對聯：「開心唯有遊山水，樂事無如握筆耕。」對我鼓勵很大，爰將夏威夷行之所見所聞，付諸筆墨，脫稿之日，內心真是無比的快樂。

八十四年五月十五日

# 帛琉浮潛之旅

陳瑛青

前年去了一趟馬爾地夫，經歷了有生第一次的浮潛經驗，讓我愛上了海島渡假旅遊，並且享受到其中的樂趣，於是再次忙裡偷閒來到了彩虹的故鄉——帛琉。

出發當日天氣晴朗，飛機一路相當平穩，一向怕暈機的我，心中一陣感謝。機上只坐四、五十位旅客，因此並不覺得吵雜；在輕鬆的心情下觀賞窗外的景緻，一片片雲彩變化多端，忽遠、忽近、忽濃、忽淡，令人讚賞。當飛機快接近帛琉群島上空，外子高興的指給我看—喔！是一道彩虹。我知道帛琉近了，很快就可以一睹它的風采了。

帛琉屬於太平洋密克羅尼西亞群島之一，是由三百多座島嶼所組成，面積二百八十六平方公里。在第二次世界大戰後，由聯合國委託給美國管理。帛琉從一九八一年成立自治政府，至前年一九九四年才正式獨立為一民主共和國。其政治制度及行政體制均採美式，語言以英語為主，種族為卡娜卡人。當地人口約二萬人，其中外來人口約五千人，分別來自日本、美國、台灣、菲律賓等地，他們大部分從事旅遊相關行業。

帛琉群島的自然景觀相當美麗，平均溫度約三十度左右，是屬於熱帶海洋性氣候。由於土地貧瘠，物產不豐富，民生物資均由美國、日本進口，因此物價水準頗高，貨幣以美金為單位。帛琉共和國近年來積極發展觀光事業，觀光事業是該國主要的經濟來源。首都Koror島，為政治文化中心，全國百分之六十以上人口居住在此島上，但是旅遊設施並不完善，島上可供觀光的據點也不多，許多好玩的活動（如海釣、潛水、觀賞水母及蕈型美麗的島嶼等）及特殊的海島風光均在海上，必須乘快艇出海始得窺其全貌。

近兩年來台灣開始有直飛班機飛帛琉（在此之前須經關島轉機），更吸引了許多觀光客及商人前往。由於直飛班機的推出，至帛琉可節省一天的時間，更適合喜歡海島渡假者短期休閒旅遊。

機場有如國家大門，帛琉機場設備相當簡陋。海關檢驗非常緩慢又相當仔細，似乎發展觀光事業國家的海關不應該如此嚴格才是；事後經導遊告之，才知此地常為大麻等毒品轉運地，所以海關檢查較為嚴格。出了機場，約五分鐘車程，我們抵達下榻的飯店，飯店內擁有此地最大的游泳池。當初選擇飯店也頗費心思，每個飯店都有其特色，價格差距也大。帛琉最好的飯店是五星級的泛太平洋渡假村（PPR），由於旅行社業者提供的資訊不夠詳實，因此我們選擇了離機場近，出入方便的凱堤飯店。但當我們實地參觀了PPR後，發現PPR不論設施或景觀，確實比其他飯店好出許多，雖然價位較高，仍然值得選擇。

當天的晚餐是海鮮大餐，我們夫婦二人望著滿桌佳肴，份量差不多是六人量，嚇了一跳。聽飯店經理說，曾有潛水隊員吃不飽，為了讓客人吃飽，每位客人均給一樣的份量。除了早餐外我們在該飯店內吃了兩次這樣的大餐。由於我們的胃口小，著實浪費許多食物，因而深感不安。

第二天，搭乘快艇出海暢遊帛琉最具特色的洛克群島。當快艇飛馳於一望無際的碧綠海洋，享受著清風徐來的快意，欣賞到一座座蕈型島嶼，有如巨石般聳立在海中，任由著快艇穿梭其間，對此壯觀、美麗的景緻，心中不禁讚嘆：自然界之大與美而人之渺小與無助。約半小時後，遊艇靠在一處無人小島，我們在此午餐並進行浮潛。此處水域，深及胸部的地方，即可欣賞到許多美麗的熱帶魚，有成群的、或三三兩兩在身邊游來游去。還有一種粉紅色不知名的魚趁我調整水鏡時，在我的小腿啄了一下，即快速逃走。我趕快上岸看看被啄處，還好幸無大礙。不過這種被魚咬的感覺也很新鮮。

之後，我們再轉往另外一處硬珊瑚區。快艇在海中停下來，基於安全，浮潛時，導遊要我們穿著救生衣下水，並叮嚀只能以浮潛方式觀看珊瑚及熱帶魚，不可以踩在硬珊瑚上面，因為這裡是珊瑚保護區，也是一處只須浮潛即可欣賞到珊瑚的水域。想到要在深不見底的海中浮潛，心中著實會害怕，可是看到海水如此清澈，巨大的硬珊瑚與水面齊高，眼前幾條熱帶魚正自在游著，海中多采多姿的世界仍然充滿吸引力。

我是船上最後一個下水，可能是過份害怕，再加上救生衣的浮力，一離開船邊即失去重心，別人是浮游觀海，而我卻是浮仰觀天。慌亂中，口中喊著救我！救我！導遊看我沒有危險，因此並沒理我。此時我只好莊敬自強，處變不驚了，終於將身體翻轉過來，慢慢游向硬珊瑚。美麗的熱帶魚也在身邊與我一起悠游，游著、游著，近處的硬珊瑚不見了，定神一看，海水清澈卻不見底，遠處一層層的珊瑚，層次分明，像積木般由海底堆高上來，形成一座深谷。看到這裡，我非常驚訝！多看了一會兒，越看越怕，宛如得了懼高症般，手腳發軟，於是決定回快艇休息。不久，外子興高采烈回到船邊，告訴我看到了一隻長達一、二公尺長的拿破崙魚在水深七、八公尺處懶洋洋的游著，還有數百條魚兒環繞身邊，真叫人大呼過癮。外子鼓勵我再次下水。這次在他帶領下，較為安心，再次欣賞到五彩繽紛的美麗熱帶魚。

傍晚時分，快艇帶我們去另一區域觀看軟珊瑚，紫色的軟珊瑚非常奇特。在回程途中下起雨來，且雨勢越來越大，海上風雨交加，快艇乘風破浪奔向歸途。第一次經歷到急雨打在身上，此種既疼痛又痛快的感覺，亦為難得之經驗。回到飯店梳洗完畢，喝了一杯薑湯驅寒。在導遊帶領下我們前往當地一家海鮮餐廳飽食一頓豐盛的晚餐。當夜，外子作了一個美夢—數百條美麗的熱帶魚圍繞身邊，五彩繽紛的海底世界，景緻何其美麗！真是作夢也會笑。早晨，外子拉開窗簾又見到了美麗彩虹。可惜的是，我沒起個大早，還有魚兒也沒入我夢裡與我悠遊。

再度出海，又是晴空萬里，氣候變化極大。快艇在一處較淺的海域停下來，我們將在此釣魚，人手一捲尼龍線綁著鉛塊，魚鉤掛著小塊烏賊，就這樣，大家興致高昂，拉著魚線，等待魚兒上鉤。當釣到第三條魚時，我已經掌握到訣竅，接著第四條、第五條魚又輕易上鉤了。魚兒雖不大，但魚兒上鉤時的那種緊張與興奮之情，則令人難忘。之後我們在無人島上享受了一頓烤魚、鮮魚湯等豐盛的午餐。

觀賞水母，必須走十分鐘的山路，才到達水母湖的入口處，而後下湖游約一百多公尺遠，始可見到水母。我們的導遊非常盡責，為了讓不會游泳的遊客能欣賞到水母，以浮板拉了四位遊客，遊了一百多公尺，相當辛苦。平靜無波的水母湖由於底部與大海相通，因此湖水是鹹的，這裡的水母因長期不受其他魚類威脅，在生態環境的改變之下，其長長的觸角已退化變短，而且不具有毒性。每天下午兩點鐘左右，水母成群由湖底浮上水面吸收太陽能，場面十分壯觀，大部分的水母是橙黃色，少部分則為白色，牠們有如果凍般透明美麗，讓我大開眼界。觀賞水母雖是一個難得的經驗，但是觀賞的同時，也不禁擔心大量遊客潛入湖中是否會破壞了生態環境，進而威脅到水母的生存。

出國旅遊除了是身心調劑，同時也是知識的增長，因此，每到一個國家，我會看看當地的風俗民情，了解一些歷史典故。更喜歡逛超級市場，比較當地的農產品與我們的不同處，則是一件相當有趣的事。

記得在帛琉的一家餐廳，吃到了一種不知名的水果，酸酸甜甜的，非常好吃，外表是綠色的果皮，內部白色果肉有點像釋迦，可惜只吃了一次，以後在當地超市也沒有再看到，原來當時並非盛產期。

帛琉為一熱帶島嶼渡假地區，對喜歡水上活動的旅遊者而言，該是值得前往一遊之地；但對於不喜愛玩水的朋友，將會感到頗為枯燥，因為這裡缺乏購物的樂趣，也無古蹟可尋，只有美麗的大海，如您喜愛海島，請放下手邊工作，前往帛琉渡假吧！相信將會給您帶來無窮的樂趣。

八十五年七月十五日

# 追憶瑞士及法國之遊

林宗成

一九九〇年初夏，我乘赴德國研習之便，於研習結束後續請休假一週，隻身前往瑞士及法國自助旅遊。雖然距今已逾七年，但景象猶歷歷在目，實在令人難以忘懷。特誌其中精華之處，供有意歐遊者參考。

德國的五月天，許多路樹開滿美麗的花朵，真是名副其實的歐洲「五月花」。一早從法蘭克福搭火車前往瑞士，沿著萊茵河一路蜿蜒數千里，行經有名的黑森林，約經六個多小時，終於抵達德、瑞邊境大城巴塞爾（Basel）。巴城為瑞士河港及化學工業重鎮，遠處可見許多大煙囪，在此轉車至瑞士第一大城蘇黎士（Zurich）。

蘇黎士係瑞士金融中心，沿火車站前大街一直走，可以看到好多鐘錶店、精品店、百貨公司及銀行，據說許多台灣來的觀光客喜歡在此購買名錶，出手驚人。街的盡頭就是蘇黎士湖碼頭，曾經聽來過的人說，天氣晴朗時乘船遊湖，山光水色美不勝收，可惜由於當時陰雨綿綿，只好作罷，改搭電車瀏覽全市。

隔日清早乘第一班列車前往阿爾卑斯山有名風景區少女峰（Jungfrau），中途必須在琉森（Luzen）及印特拉根（Interlaken）換車兩次。一路上，天候忽晴忽陰，到處山嵐彌漫，加上有時細雨飄飄，使得十分秀麗的景色更加迷人。火車每過一山洞，出現在眼前的山水，令人驚艷不已，尤其積雪的山頂倒映在湖中，煞是好看。當月曆圖片上那樣秀麗的風景真實地掠過眼前時，的確讓人心曠神怡，而且亦有一種似曾相識的感覺，自心中洋溢而出。

印特拉根因介於布林哲湖（Brienzersee）與森奈湖（Thunersee）之間而得名，為開往少女峰高山鐵道之起點。火車沿著山坡迂迴而上，中途尚需更換兩次不同的火車，最後搭乘歐洲地勢最高的火車，一路峰迴路轉，舉頭盡是白雪砌成的峭壁。到達終點站後，先去冰宮看冰雕，由於衣服穿得太少，讓我領略到澈骨之寒的滋味。走出招待所的外面，可以看到阿力奇冰河（Aletsch Glacier）的全貌，它是歐洲最長冰流的源頭，只見四周到處白雪皚皚，白茫茫一片，偶而白雪紛飛，好一個銀白色的世界，就像北國的冬季，美麗極了，不過有點刺眼，因此有些遊客帶著太陽眼鏡。離招待所不遠的滑雪場，有人正在滑雪，我嘗試在雪地走了數公尺，終因太過寒冷而折返（按終點火車站標高海拔3,454公尺，少女峰標高海拔4,158公尺，由於緯度高終年積雪）。

回到印特拉根，沿著美麗的森奈湖直往瑞士首府伯恩（Bern），其德文之義為熊，市徽即以此為圖案。伯恩為一寧靜小城，參觀當地古蹟後夜宿一晚，次日搭火車往日內瓦（Geneve），此城濱臨日內瓦湖，湖面範圍極廣，湖上點綴許多白帆及成群水鳥，幾隻全身雪白的大天鵝徜徉其上，構成了一幅美麗的風景畫，並有一巨大水柱從湖中噴出，高達近百公尺，非常壯觀。徒步至市中心閒逛一番，看到街頭表演技藝者正在賣力演出特技，而地上並無安全墊，動作驚險萬分，簡直為之捏一把冷汗。參觀了幾個有名的古教堂，哥德式的建築風格，氣宇非凡。之後，搭市內電車繞一圈，隨即搭高速鐵路直奔巴黎。

第一次搭乘高速鐵路的感覺是快速、平穩、舒適，果然名不虛傳，唯一美中不足的是座位稍嫌狹窄。當抵達花都巴黎時，已是萬家燈火，好不容易找到一家旅館過夜。隔日一早即趕往羅浮宮參觀，花了整個上午走馬看花式地瀏覽全館一番，其中希臘館、埃及館及繪畫館令人印象深刻，當許多書報或雜誌上看過的圖畫及藝術品，突然真真實實地在眼前出現時，那種喜悅之情真是難以形容。下午走到凱旋門一帶逛街，然後登上埃菲爾鐵塔，巴黎市區之廣一覽無遺，不過卻覺得埃菲爾鐵塔近看不如遠觀優美。

本擬繼續前往法國其他地區旅遊，惟因法國人大都不願用英文回答問津者，不懂法文真是不方便，加上所剩假期有限，祇好儘快結束法國之行返回德國，一趟瑞士及法國之旅，於是劃上休止符。有人說歐洲最美麗的地方就在瑞士阿爾卑斯山上，去法國則一定要去看羅浮宮，花個四天三夜，即有幸同時遊歷其境，果真不虛此行。

八十六年十二月十五日

# 大阪自由行

林綿綿

日本的春櫻花季和秋天楓紅是人盡皆知的兩大美景，加上台灣到日本只二小時航程的地利之便，因此利用年底空檔和外子選擇了大阪來一次為期四天的自由行，主要也是想去抓住秋的尾巴。

睽違多年後，大阪又新闢填海造陸奇蹟—關西國際機場。出航站後電聯車即護送觀光客至海關入境處，既新穎又迅速。入境後旅客魚貫地搭地鐵通過海上長橋進入大阪市區，所見之處都是近年無中生有的科技創造和嶄新建設，讓人不得不佩服日本人苦幹實幹精神。

隔日，和友人一起從大阪梅田站搭快速電車，約四十九分鐘即抵京都。京都市仍保持古典身段，惟處處掩不住現代化建設成果，可謂傳統與現代並陳。古老雄偉的二條城和國寶三十三間堂以及東、西本願寺等，都在交通方便繁華的市區中，古都寺廟之多，非五天十日可以走完；只有擇要參觀了。

三十三間堂是世界級古跡，每十尺柱間有四十座十八手金觀音排列，總共千餘座，可知陣容之浩大。中間供奉一座十一尺高千手觀音之外，前排另供奉四大天王和二十八部將青銅神象。該批古跡歷經了八百餘年仍完好供奉著，連改朝換代、兵荒馬亂也不曾破壞過，可知日本人對古跡文物保存之用心，這是我們無法相較的。至於藏在山崖上的清水寺、清涼寺、大覺寺、法然寺、銀閣寺及嵐山大堰川渡月橋等盡在滿山楓葉中，充滿靈氣，善男信女絡繹其間，寺內古色古香一幅太平昇華景象。

大阪電車貫穿全市，而地鐵車站係以不同層方式高低交會以利乘客方便轉車，並且和阪神、三越、大丸等各大百貨公司地上、地下連成一氣，使無數商家匯集一處並造就人潮和商機。地下街規模之大，足令觀光客迷路，然所到之處，指示牌清楚明確，或以號碼或以顏色區分，雖然言語隔閡，門外漢亦能輕易找到自己的方向。購票自動化電腦處理，讓人有一份成就感。而到地下商店街大啖「殺西米」以及喬麵沾藻鹽醬油（帶昆布味的淡醬油係大阪特產）都是不能錯過的。

至於白色鑲金的大阪古城是深藏於現代都市的森林中，在金黃銀杏枝葉襯托下顯得蒼勁突出氣勢非凡。大阪人說，春天櫻花盛開時，美景更是天成；見落英繽紛而把酒月下，絕對是他們最難忘懷的時節。而大阪最主要的一條御堂筋大道上是金融和商業匯集處，道路二旁種植了二百餘株銀杏樹，每棵皆有二層樓高，枝葉茂盛，此時正值秋冬之交，金黃色枝葉在陽光下閃爍，美麗極了。人行道，每隔一段距離即擺設著不同的雕塑作品，更加深了文化氣息。

大阪是一個看似平凡卻蘊藏企圖心的城市，不論白天、黑夜，不同職業的人都在賣力扮演他們的角色。繼關西機場成功後，該市又想爭取二千零八年的奧運會；街頭義工的服務，讓人感受到大阪人永不停止的步伐。此趟在天時、地利、人和下欣賞滿山楓紅和一片金黃銀杏的秋天美景，也算相當滿意。尤其日幣走貶，街頭物價也下跌，正是遊日好時機。

八十七年一月十五日

# 古國訪勝

嚴孟經

在忙碌的朝九晚五生涯中，匀出短短的假期，把自己投身於土耳其、希臘、埃及古文明之旅，雖仍脫不了走馬看花，然亦因意猶未盡，更增回味。

## 土耳其

土耳其跨歐、亞兩大洲，是回教國家。正像台灣到處是廟宇一樣，土耳其到處可見清真寺。

**清真寺**

回教國家的宗教聖壇便是清真寺，而在不同國家展現出不同的風貌。埃及清真寺頂端的洋蔥頭較高，建築本身較瘦長，土耳其清真寺頂端的洋蔥頭則較扁，建築本身更是又寬又扁；位在伊斯坦堡的「藍色清真寺」，是世界最大的清真寺，也是唯一擁有六個尖塔的清真寺，故而名列世界八大奇景之一。說來有點荒謬，這一座建於十七世紀的聖壇，它那半個洋蔥頭覆蓋下的建築，在我看來倒頗像科幻世界的太空站呢！藍色清真寺外觀其實是灰色的，之所以得名是因其內部的彩繪玻璃窗及馬賽克等均以藍色為主之故。

同樣的，「綠色清真寺」則是因為內部綠色的彩繪玻璃窗及瑪賽克磚牆而得名，這種微帶藍的綠色瑪賽克製作方式已失傳，聰明的現代人竟然無法窺其堂奧，照樣複製，因此，舊有的瑪賽克與後補的瑪賽克之間，形成一道明顯的界線，而綠色清真寺也因而更形珍貴。

其實，最令人激賞的是十四世紀的「偉大清真寺」，它雖然因為座落於屋宇之間，外形古舊毫不起眼，然而其內部乳白與深棕交織繪成的圖樣與經文，卻呈現出異常古樸典雅之美，也因此，某時裝界大師把那圖案似的可蘭經文，設計成流行服裝的裝飾圖樣，還曾引起回教界的軒然大波呢！現在年輕一輩的土耳其人，已很少懂得可蘭經文，而許多人對於不懂的東西，因著那份神秘而覺得特別奇美。

藍色清真寺旁，聳立著磚紅色的聖索非大教堂，它是拜占庭式的建築，壁上繪著聖經故事，有些部份仍色彩艷麗清晰，許是入境隨俗吧！它的屋頂也建成類似洋蔥頭的圓頂，而不是傳統式的尖頂，土耳其便是這樣的亦東亦西。

回教不拜偶像而是往麥加方向朝拜，清真寺內的地毯，織的是一個個長方形格子圖樣，中間繪有清真寺，尖端則朝向麥加，每一個格子大小剛好適合一個人跪拜，男人跪拜於大廳的樓下層，女人則跪拜於樓上的兩邊，踩在那一大片地毯上，可以想見集體朝拜時的盛況。每一處清真寺進門時得脫鞋，女士還得用頭巾把頭髮包起來，寺內準備的頭巾，不知道多少人使用過，有的髒髒舊舊還帶著異味，也只好忍著點。至於穿短褲或迷你裙的女士們，寺內也備有斗篷，讓美色暫時遮掩一下。回教徒一天要祈禱五次，亦即日出之前、日出之時、正午、日落之時及晚禱，這樣，一天剩下來可運用時間自然相當有限，星期五是他們的禮拜日，至今，仍有許多機關是週五休息的。

## 棉堡

棉堡是土耳其最特殊景觀之一，它看起來像雪一樣，層層疊疊，還有垂下來的冰柱，然而，它不是冰雪，而是一種白色的石灰岩，凹陷之處則是溫泉，聽說可以治病。夏天時，這裡成為老外日光浴的天堂，不過這種好景不常，因為土耳其已領悟到他們這一處國寶的可貴與不容破壞，正準備立法加以保護，也許會在其上搭起木橋。不久的將來，遊客將不再能親身體驗光著腳丫子踩在棉堡上的樂趣了。

**艾菲索斯**

艾菲索斯曾是最主要也是最大城市，有世界七大古蹟之譽的建築—ARTAMIS神廟，裡面有大理石通路、商場、圖書館和古羅馬浴池的遺跡。當時，埃及已使用紙花草製作紙張，但對於如何製作卻秘而不宣，因此土耳其便以羊皮刻字，裝釘成冊，這也是最早的書籍雛型。浴場內的公廁是一排排的石板，中間挖成一個個葫蘆型的洞，如廁時大家比鄰而坐，一邊出恭，一邊海闊天空的話家常，保証可以結交一些"臭味相投"的朋友。由於大理石在冬天坐起來冰冷，所以多由奴隸先去坐暖，奴隸命運之悲慘可想而知。

**肚皮舞**

中東地區最具代表性的舞蹈便是肚皮舞了。我們在土耳其的小酒館內看肚皮舞，第一個舞孃青春貌美，頂著高聳的頭飾、長手套、與舞衣一樣全鑲滿了寶石亮片，舞得搖曳生姿，煞是美麗。第二個舞孃雖年紀稍長，卻是魔鬼身材，豐胸偉臀，眼角含笑，舞起來更是浪漫迷人。

在希臘看肚皮舞，因為舞孃面無表情，又骨瘦如材，所以覺得淡然無味，但當她上半身後仰成一直線，胸腹以下隨著音樂舞如海浪，一波逐一波，讓人歎為觀止。

而在埃及，我們置身尼羅河遊艇中，邊吃著自助餐，邊欣賞肚皮舞，可惜舞者已是半老徐娘，身材也已發福，與土、希相比均較為遜色。她邀請一名觀眾上台共舞，不料這位白髮皤皤老太太，卻舞得有模有樣，出人意料。肚皮舞大都從小練習，中東國家的人都很喜愛，土耳其的導遊先生，胖胖的，常忍不住隨著音樂起舞，一隻腳輕輕點地，身體搖擺後仰，兩手揮舞，很有韻味。埃及的遊覽車司機更是瘋狂，常邊開著車邊站起來扭兩下，惹得大家忍不住尖叫，然而不放肚皮舞音樂也不行，因為司機老爺會沒精神。我問土耳其導遊，回教國家這樣保守，婦女出門得蒙面，卻又怎麼容許她們跳肚皮舞？他說土耳其算是回教國家中最開放的，然而這些肚皮舞孃將來要結婚仍然是比較困難。無可諱言的，女人在這些國家的地位更低，男人一面要求她們的取悅，一面卻挑剔許多。

## 希臘

希臘是個神話國家，來到這裡便彷彿走入了神話之中，到處可見神殿、神像，如海神廟、巴特農神殿、雅典娜神殿等等。最令人喜歡的是雅典娜神像，她戴著頭盔，一手執矛，一手拿著盾牌，迎風而立，裙角被風微微吹起，真是美得不可言喻。希臘首都雅典便是以她之名命名。雅典市區卻不像她那美麗的名字，雜亂而無章，每隔三、五步便是一個紅綠燈，彷佛柔腸寸斷行路難。希臘人一點也不友善，連空中小姐都一副晚娘面孔，記得王大空先生曾形容台北的藍天謂「台北的天空很希臘」，但是我們在希臘卻發現「希臘的天空很台北」灰濛濛一片。在此短短的三天，不巧碰到巴特農神殿罷工，不能入內參觀，大部分的人是慕她之名而來，卻不得其門而入，別說有多掃興了，接著又逢大選，大選前一天晚上，所有的活動都被禁止，酒也不准賣，免得人們醉酒鬧事，這可是個釜底抽薪的好方法。

## 柯林斯地峽

距今兩千七百年前，希臘人為了省卻多繞六〇〇公里海路，將愛琴海與愛奧尼海交會之海岸，切割開來，形成一道峽谷，近代便慢慢鑿寬，使得一萬噸以內的船可以由此通過，真是鬼斧神工，也是人定勝天的明證。

## 愛琴海三島

愛琴海三島分別是愛琴島、伊德島及波洛斯島，其中以尹德島最美，島上的房子幾乎全是白色的牆，深藍色的門窗，充滿了海洋氣息。許多藝術家喜歡來此渡假，尋求靈感，所以島上有許多畫作，還有各種頗具巧思、顏色繽紛的瓶瓶罐罐，讓人愛不釋手。

## 埃及

一直認為金字塔是一個夢，沒想到我卻在三年內二度來訪。埃及的神殿石雕均以巨大取勝，宏偉壯觀，壁畫更是美麗絕倫，即使是重遊，仍感受其震撼。古時國勢強盛，文化、科學均極發達，而今落後景況頗讓人惋惜。殘留的這些古蹟、古墓成了他們生活資源，基沙市的三座金字塔和人面獅身像是觀光重點，有趣的是上年底報載，埃及因為準備在金字塔二公里半處建造一條環狀公路，卻遭到聯合國教科文組織領導國際社會反對，因為考古學家在公路附近發現兩千年前的古墓和兒童木乃伊，証實其附近有墓園，教科文組織的專家還警告說如果埃及執意建公路，將把金字塔在世界古蹟名單中除名。這種聲明也使得埃及政府不快，金字塔原先是遠離城市的，由於城市範圍逐漸擴大，金字塔變得越來越近，又因為它很碩大，我們從住宿飯店的窗口便可望見。公路若興建完成，人口愈益集中，城市與金字塔恐將不分彼此，其可能受到的破壞可想而知。以地球村的眼光來看，金字塔已經不屬埃及，而是屬於全世界的了，這也是為什麼皇帝不急，卻急壞一大堆太監了。

旅遊可以暫時忘我，把工作、煩惱暫時置諸一旁，每天睜開眼期待的是下一刻去那裡？玩什麼？旅程中因為不看報，不看電視，常常不知今夕是何夕，而偶然的角色轉換更是愉快的經驗，譬如說，一到土耳其機場兌換當地的錢幣是一美元兌三三二〇元土幣，隨便兌一張，個個都是百萬富翁，不過百萬富翁也不見得予取予求，因為兌的是五十萬、十萬的大鈔，逢上廁所付費時，個個又窘迫不已，實在逼不得已便只有耍賴不付錢了。有的商店全部金額也不夠付我們買東西的找零，所以有時不免口袋裡麥克麥克，卻只有對著商品嘆氣的份兒。

土、希、埃都曾有過燦爛輝煌的歷史，如今卻皆落後不堪，不進則退，實值我們深深警惕。

八十四年五月十五日

# 重遊澳洲

張家鉉

上次赴澳旅遊，迄今倏已兩年，歲月悠悠，景象猶在。而今女兒在澳學業告一段落，四月十一日舉行畢業典禮，堅邀我們這個做父母的親往觀禮，於是再有澳洲之行。

國內飛澳的班機有長榮、新航、安捷、澳亞航、國泰、華信等航空公司。長榮航空，我們前已搭過，此次不再考慮，乃選擇華信，以行動支持我國航空事業。

四月三日晚上十時十五分，飛機起飛。台北的天空灰濛，雨意未歇，能暫時離開一些時日，調劑一下身心，未嘗不好。機上的旅客大都是國人，載客率約八成，空服人員頗為勤勞，往返穿梭，忙個不停，對於外籍旅客的服務似乎特別慇懃。航空公司既是標榜以客為尊，機上服務似應一視同仁。

飛機飛行平穩，正駕駛是紐西蘭人。坐艙電視螢幕隨時以中英文顯示航線里程、天氣狀況、飛行高度、目前時間……等，讓旅客明白飛行狀況。八個小時後，我們於次(四)日上午九時十五分抵達雪梨，正是豔陽天，萬里無雲，天青人爽。走出機場，看到來接機的女兒分外高興。

此次重訪澳洲，共計盤桓十天，爰就所見，略誌一二：

## 一、陽光、綠野、無尾熊

澳洲地大人稀，近三十年來從一個守舊、昏睡的國家一躍而為全世界注目的焦點，推其原因是一九五〇年以來大量義大利移民之所致。義大利民族愛好音樂、注重美食、活潑浪漫，將澳洲滯緩古板的民風注入進取勤奮的氣質；再加上後期亞洲移民的大量遷入，催化了澳洲社會多元化以及族群的融合。人種雖雜，相互排擠的事倒是不多。

澳洲全國人口一千七百萬，是全世界人口最都市化的國家，百分之八十集中東南海岸的少數幾個城市。幅員廣闊，繁花綠野，天藍雲白，風景秀麗。陽光照人，溫暖有餘，只是太過強烈，容易灼傷皮膚，在長期曝曬下，澳洲白人罹患皮膚癌的比率偏高，平均每年有八百人死亡，這是美中不足的地方。

澳洲大陸向以擁有奇異罕見及種類繁多的動植物聞名於世。動物以無尾熊（KOALA）、植物以尤加利（EUCALYPTUS）最具代表性。

無尾熊並不是熊，係澳洲土產的一種有袋類動物，與袋鼠同類，但不是鼠；全身灰毛長得厚而密，四肢短小有利爪，行動遲緩，兩眼圓大，眼神惺忪，鼻端呈黑色，經常爬在尤加利樹上，嚼食尤加利樹葉，吃飽了就抱樹酣睡，不必下樹覓食，亦不必飲水，故澳洲土著稱牠為「KOALA」，意即「不飲水」。

澳洲森林樹木百分之九十是尤加利樹，又稱「膠樹」(GUM TREE）種類達六百多種，無尾熊得天獨厚，取之不盡，食之不竭，不勞而獲，整天都是懶洋洋的。

## 二、社會有序，購物有興

禮貌是社會文明的表徵，如果人人能夠彬彬有禮，常把「對不起」、「謝謝」、「請」掛在嘴邊，人際關係比較容易建立。在澳洲我看到了社會的好禮與有序。

走在路上，行人受到尊重；車讓人，理所當然，斑馬線有絕對的權威，不會有人在車上緊按喇叭促你快速通過。如果你嫌等紅燈的時間太長，儘可利用路邊燈柱按鈕縮短時間。行車有序，相互禮讓，不爭先亦不搶道。坐在車上，司機與乘客一律要綁安全帶，執法相當嚴格，如果未照規定，概予重罰。車行高速公路上，名副其實，不快不行，速度稍一放慢，衝撞的事常會發生；酒醉駕車，更是法所不容。想起台灣每年車禍死亡近七千人，損耗約三千億台幣，實在不能再容社會如此惡質化下去了。

出國旅遊，觀光購物，水到渠成。在澳洲上購物中心，真是一大樂事。一般購物中心都有大型停車場，讓顧客免費停車三小時，逾時則採累進費率收費。店員笑臉迎人，邀客試衣量身，熱誠親切。貨物出門，如有瑕疵，在限期內均可更換，亦可退錢，還會向你道聲「對不起」。連鎖店均可受理退貨，不必勞駕到原購店去辦理。一般來說，店面寬敞，分門別類，貨物齊全，標價清楚。換季清倉，照原價打折，絕不加價後再折扣來欺騙顧客。我常懷疑為何許多外國行之已久的良好制度，傳到國內，本土化之後，都變了樣。什麼「貨物出門，概不退換」、「不能試穿」……單方的規定，實則侵害了消費大眾的權益。

購物時，有推車可用，可直往停車場，非常方便。年邁體衰者，力不勝負荷時，購物中心可派專人代勞，「顧客至上」、「服務第一」不是蓋的，任誰都願意再惠顧。唯一不便之處是打烊時間太早，平常下午五時關門，間有假期，會作彈性調整。店員每日工作八小時，守分敬業，看不到晚娘的面孔，更沒有潑辣的言詞，讓顧客買得安心，花錢不受氣。

澳人家居，注重園藝，勤於修枝剪草，前後庭院，繁花錦樹，落英繽紛。比較溫馨的是看不到鐵窗，遇到火警，不會由浴火鳳凰變成了枉死鬼。但不幸地，治安亦日漸惡化，竊案逐年增加，根據紐省（New South Wales）警方統計，在過去一年中，全省有六萬一千戶遭竊，每週平均一千二百件，每二十戶就有一戶被竊，警方頗傷腦筋，正在苦思良策，打擊犯罪之中。

## 三、肉餡餅、鮮鮑魚

澳人飲食習慣與國人不同，食物油膩，既甜又腥，咖啡、牛奶、麵包、果醬一樣不少。而我比較喜歡喝他們的鮮奶，成分純正，無添加物，起先腸胃也許會不適應，再次嚐試，就能享受其美味了。老實說，澳洲名菜不多，滿街都是美國漢堡或廣東炒飯。但是，澳洲食品中有一種肉餡餅（MEAT PIE），外表呈巨型蛋塔狀，只不過中間不是蛋糊，而是豬肉醬，而且有騷味。肉餡餅在任何場合都能見到，據澳洲人說，一定要趁最燙時吃才過癮，最好是令手指燙得無法端住它，看看誰的功夫好，不讓肉汁滴落出來，就屬誰的本事大。顯然媲美我國吃燒餅不掉芝麻，都需要相當的技巧才行。

「麥當勞」在台北座無虛席，門庭若市，價格雖高，仍有許多人惠顧；在澳洲就不見得如此風光，雖價廉而客稀。冰淇淋特別便宜，但仍不足以吸引客人。倒是華埠的海鮮餐廳生意頗為興隆，有一家新開張的金唐酒樓，從下午五時營業到次日凌晨四時，人潮仍然不退。活海鮮像龍蝦、螃蟹、鮑魚陳列在櫥窗，任人挑選，論磅計價後，下廚烹調。要蒸要煮，悉聽客便。我為了慶祝女兒畢業，特別選了活鮮鮑魚，價格不菲。

在西澳，每年都有「鮑魚季」(Abalone Season)，為期不長，只有八個週末(包括星期六與星期天)，自十月十五日至十二月四日，從早上七點到九點，在政府指定開放的海邊岩灘，可以進行摸捉鮑魚，但須申請執照，繳費二十澳元，限捉二十隻，如果違反規定，罰金很重，旨在維護鮑魚生態，不致因濫捕而絕種。我們在台灣，市面上較易購到罐裝鮑魚，以來自墨西哥者為多，而今能親嚐澳洲鮮鮑，機會真是難得。面對盤中美味，不覺食指大動。其肉質之鮮美，至今猶齒頰留香。

## 四、雪梨科技大學畢業典禮

四月十一日下午三時，雪梨科技大學舉行畢業典禮，我們夫婦陪同女兒提早到校，先繳費租禮服，由專人代為挑選試裝。穿著整齊以後，全體畢業生便由教授引導進場。主席台已坐好三十多位身著博士禮袍的師長，首由校長宣佈典禮開始，繼由教務長在台上唱名，畢業生分批由台下走到台上接受學位證書，再走到校長面前，向校長行禮致意，校長逐一與之寒暄。畢業生中東方人不多，女兒來自台灣，備受矚目。

校長致詞，語多勗勉。繼由資深教授相繼演講；最後再請來賓講話。此人來頭大，醫藥出身，現為影片製作人，最近獲大獎的「我不笨，所以我有話要說（BABE）」影片，就是他的傑作，在澳洲家喻戶曉，名氣極大。

典禮完畢，窗外雨潺潺，「秋」意闌珊。校方舉辦酒會，招待來賓，畢業生與家長。在冗長的演說之後，精神都快消耗殆盡了，有了能量補充，精神竟為之一振。

## 五、澳廝說英語

澳洲人崇尚輕鬆舒適，生活自然，越簡單越好，甚至連說話也簡化了。我們在台灣學美式英語，接近美國音；來到澳洲，聽力大受影響。他們發音渾濁，聲在喉裡，吐不出來，而且能省就省，不但發音如此，文字亦復精簡。且以「澳洲人」(Australian)為例，唸起來太囉嗦，因而他們自己發明了澳廝Aussie來替代，這還嫌不夠，乾脆簡稱為Oz，相當管用。每天有早、午、晚（morning, afternoon, evening），向人問安唸起來繞口，一律簡稱為Good day；這還不行，他們把Good進一步簡化，寫出的形式是G'day，唸G時只要喉頭輕輕咳出一聲「割」就好了。更有甚者，有的場合竟能以字母代替一個句子。BBQ是Barbecue「烤肉」的簡寫，比較容易看懂；可是許多餐館門上註明BYO，就讓初見的外國人摸瞎了，原來是Bring Your Own（帶自己的來）的簡寫。自己帶什麼來？自己帶酒來！再舉一例，DIY表示Do It Yourself（自己動手做）。類似簡詞，不經行家指點，實在不容易猜中其意。

澳洲英語，如果細心比較，常會發現他們自有一套，與美國式英語相差遠矣。市面上許多名詞有澳洲自己的含意，譬如Newsagent是書報文具店，Chemist是賣西藥、化粧品及衛生用品的店、Milk bar是社區中的雜貨店、Real agent是房屋買賣介紹公司、Nursery是苗圃花店、Flat是公寓、Prep是學前托兒所、College則是私立中學，而不是大專學院。

澳洲到處是叢林，盛行叢林散步（Bush Walk）。據說澳洲人走進叢林，特別和藹可親，彼此噓寒問暖。美國前總統布希（Bush）於訪問澳洲時，到了國會大廈演說，深諳澳人愛林之理，便說了一句話，逗得議員們滿堂采：「You have excellent environment because this is a bush land。」—你們的自然環境極好，因為這是一塊叢林之鄉（布希之土）。名人的機智，輕易地就贏得了好感。老實說，不只是布希讚美澳洲環境，實在是澳人對環境保護做得好。在一處森林保留區中有塊告示牌寫著：Take nothing but photographs and leave nothing but footprints—除了攝影留念，什麼都別拿走；除了腳跡足印，什麼都別留下。該是多麼美好的詞句啊！

## 六、台灣移民的心境

國人移民，澳洲向被看好。地大物博，社會有序，環境優美，林翠鳥鳴，楓紅雪白，有完善的社會安全制度。但是，在有形社會制度的另一面，是無形精神層面的空虛，中西文化差異的衝擊，摸索在求助無助的不確定之中。異鄉生活猶如浮萍，無法落根。尤其是老人，語言障礙，親友疏離，孤寂難捱。相對地，年輕人活力充沛，很快地就能適應，發揮潛力，融入於當地社會。尤其是小孩子，擺脫聯考的升學壓力，接受鼓勵式的教育，洋溢著一份自信。換句話說，移民的背後，都有一段喜悅與辛酸，相互在激盪。異國不是天堂，也不是地獄，而是一座活生生的戰場。此次訪澳，我曾應邀去台灣移民家庭走訪，瞭解他們的感受。終結一句，還是希望自己的國家安定，又何須遠走他鄉，在外作客哩！

時光過得真快，在澳十天，匆匆結束。所到之處，只是走馬看花，浮光掠影，但憑記憶所及，寫下一鱗半爪，留待他年說從前。

八十五年九月十五日

# 新加坡青年所謂的5C

鄧秀芬

新加坡電視台已經播放完了一部電視連續劇”5C老公“，使更多的未婚男女或已婚人士更憧憬著理想新加坡人的生活方式或婚姻。所謂的5C，意即：1.豪華汽車（Car）；2.共管公寓（Condominium）；3.信用卡（Credit Card）；4.事業（Career）；5.鄉村俱樂部會員（Country Club）。就是以今日日本一般年青人所謂的DINK（Double Income No Kids）來形容目前的生活狀況。

當然，凡有志向的男女都有其權利去追求上述的5C生活，更何況我們的社會是開放自由的，任何人只要有才幹、機遇，透過正當的途徑去賺取更多的財富，沒有人能加以批評。

但最重要的是，這些富裕的人，在發達之後能多關懷與幫助一群不幸或需要救濟的貧老公民，才是在”回饋社會“方面盡了一些心力，也會使他們在精神上感到更為愉快。

反之，如果我們的青年只是為了虛榮，為了物質享受，不惜鋌而走險，以實現所謂5C生活，那對國家、對社會，都是有損無益的。

因此我們在追求5C的目標時，觀念要正確，絕對不能以自己自私的態度去實現，使國家變成"人人為己"的社會。

其實，今日的年輕一代都有機會受良好的教育，而新加坡的經濟成長也相當快速，只要能發奮向上，有耐心，有毅力，假以時日，5C的理想生活肯定不是"空中樓閣"。何況在現行的公積金（Central Provident Fund，CPF）制度下，投資條例已放寬，要在十年內爭取到5C的生活方式是可以達到的。

然而，要培養年輕一代健康的生活態度，並非教他們如何去追求5C的理想生活，更重要的要先培養他們內在的美德，健全的心理，才能使個人生活充實，家庭婚姻美滿。

要達到這個更重要的目標，我們的年輕一代則需要另一種5C生活素質：1.信心（Confidence）；2.奉獻精神（Commitment）；3.要有恆心與耐心（Consistency）；

4.要有勇敢的嘗試精神（Courage）；5.關懷與同情心（Compassion）。

家庭是社會的基石，美滿的家庭是不能單靠物質來維繫的，我個人認為以上的5C要素，才是青年人應致力追求的目標。

八十六年六月十五日

# 荷蘭來鴻

何榮隆

張編輯委員永亮鈞鑒：

時時收到您關懷的書信，身在異邦的我們，心中除了有一股暖流迴盪外，尤其感激。於此謹致最高謝意！

這些日子，有時候很想寫寫信，談談這裡的生活，但自交銀通訊創刊以來，每讀到別人的好文章，便自覺慚愧，深怕寫不好，遲遲不敢動筆；二來，有時確是很忙，日子就一天拖過一天，是吾之惰，敬請海涵。

海外生活、異邦工作，酸、甜、苦、辣，因時、因地、因人，所見所聞，感受各有不同。通常聽到的一則故事是：有一位旅行者從A村到B村，途中問一位老人：「請問B村住的人是一些怎樣的人？」老人反問他說：「你從A村來的，那麼，那裡的人怎麼樣？」旅行者說：「唉！那裡的人粗暴無禮，自私自利，我恨透他們了。」老人聽了，就勸旅行者說：「B村的人和A村的人都一樣，你還是不要去好了。」故事也同時敘述另外一位旅行者的遭遇和完全不同的感受：「噢！那裡好極了，那裡的人很好客、有禮貌。」以及老人的回答：「你要去的地方和這裡一樣，你趕快去吧！」老人與兩位旅行者的對話，反應兩個不同的遭遇和心境，除了羡慕後者好運或憐憫前者遇人不淑之餘，若有神仙般的心，世界如同天堂；若似魔鬼般的心，世界如地獄。內心的感覺，實係心靈之所在；而心靈之所在，又係於一念之間；一念之間，又常受時空所制。因此，我的心悟是，「境隨心轉，心常觀照」。時存感激之心，勤修心靈之路吧。

來荷已二年又七個多月，心得似不少，唯正如有人說，在一個地方住上幾天，即想寫些心得，但是如果住久了，膽子會越來越小，也就不敢寫了。是知國之不易或知無止境呢？

荷蘭，我們少年時從教科書上讀過，地理上低於海平面，所謂的「低地國」，面積和臺灣差不多，以及一位勇敢的荷蘭小孩，為防止決堤，以自己身軀堵住決堤缺口，而慷慨捐軀成仁的故事。還有在月曆上常看到美麗的「風車」、滿庭的「鬱金香」等等，這些均是大家所耳熟的。然而在這裡，喜歡登山的朋友，可要忍耐技癢，因為青翠山峰不見了，阿爾卑斯山在遙遠的一千里之外含笑。寬闊的草原，蛇般流竄的運河（大水溝），悠閒但不多的乳牛仔、綿羊兒，紅瓦的歐式農舍，就代表此地的景觀了。

德國人說荷蘭是沒有後院的國家，而荷蘭人認為他們的後花園就在德國、比利時、盧森堡等地。每年七、八月渡假盛季，荷蘭國內不管是生意人或是公務員都很難找到，因為全去後花園渡假了。他們經濟寬裕的，就到遠一點的後花園渡假；經濟拮据的，也有兩種方式渡假，一是到鄰近海邊曬太陽，所謂「煎白魚」，二是跟自己的親戚朋友交換房子渡假——「換屋渡假」。休息是為了走更遠的路，歐洲人重視休閒、健康生活的人生觀，是值得我們學習。

荷蘭另有一面，鮮少人注意的——荷蘭是社會主義國家之一，也是過去蘇聯老大哥嘴裡說的：「勞工的天堂」。勞工在此地是得天獨厚，天之驕子，政府不僅立有「勞工法」保護，更有強又有力的工會不時為他們服務。

「均富」也是社會主義的政策，因此稅賦很重。薪資所得稅分三級稅率：60%、

50%、38%。我們派駐人員稅率均在60%，銀行需為我們補貼55%，也是沉重的負擔。領薪愈多，繳稅也愈多。荷蘭人常說：「Too less, to live; Too more, to die。」我想大概是「窮的餓不死，富的繳不甘」吧！

失業或退休的人，每人每月可以領取生活費荷幣壹千元。基本上，一般人生活品質不差。在阿丹市唐人區，可以看見這個城市的另外一面：東歐、蘇聯來的流浪漢、吸毒者（黑人較多），以及好奇的觀光客、解飢的尋芳客，徘迴於舉世聞名的「玻璃櫥窗」之前，欣賞「櫥窗女郎」暴露出的無限春光。這些嚮往西方文明的外來客，大部份因沒有合法身份，無法領取救濟金，只好如此委屈求生。城郊巨大花園洋房、城堡的主人，擇水草而居，以擁有私人遊艇為傲。城內城外不同的生活方式，是貧富的寫照。

此地稅賦種類繁多，一般常繳的有：污水處理稅、垃圾清潔稅、廣播電視稅、路稅、消費稅17.5%。如有養狗，即有狗稅；其它如要設立公司，須繳資本稅1%，增資亦同；營利事業所得稅則分三級，PROFIT在十萬荷盾以下者40%、PROFIT在十萬至二十五萬荷盾者35%、PROFIT在二十五萬荷盾以上者35%（同前），這是

1995年的稅率。至於保險方面，種類、項目也是琳瑯滿目，有些保險是一定要參加，例如：家庭健康保險、兒童保險、牙險（不包括在健康險內）、社會安全險；有些可以自由參加，如汽車險（內含偷竊、第三責任、律師、傷害等）。保費和國內差不多，唯很少時間去研究保險內容，繳了保費，卻有不知自己權益何在之憾！

然而，社會主義也有其偉大和令人驕傲的地方，例如：林洋港先生的名言和他未完成的事業：「讓鐵窗業蕭條」。在我們的國家說這句話，如同天方夜譚，癡人說夢。但是在歐洲，確是如此；每家每戶前前後後，均看不到任何鐵門鐵窗，只見到處窗明几淨，窗臺上擺示各式各樣可愛的玩偶及生意盎然的花木。他們毫不掩飾的展示自己最美好、最心愛的東西，代表各自的喜性和生活品質，這或許也是他們的一種生活文化吧！欣賞他們美好的一面時，我們確實也應該好好想一想自己的國家，並去思考一下他們的祖先選擇這條社會主義的路所付出的代價和心血。

犯罪是無國界之分的，在這個無鐵窗的國度，難免教人擔心和疑惑—會不會治安不好呢？事實上，宵小鼠輩之流，並不如我國猖獗。其手段較溫和，意僅在偷竊而已。但是金融重地的各大銀行仍多設有防彈玻璃，以防挺而走險的江洋大盜。所謂好人、壞人，亦是無種族、國界之分。有分別的，也許只是社會制度、法律不同而已。一般而言，青少年犯罪是一件頭痛的問題。這裡的青少年不玩飆車、不上KTV、MTV；但是，他們幾乎每一個都是足球迷，球賽時，常造成交通阻塞，警察也辛苦，不但要維持交通秩序，而且需要全軍待命，如臨大敵，以防青少年造次；上了年紀的OBA、OMA（荷語老阿公、老阿媽）則留在家看、聽電視、收音機的全程轉播。每一地區均設有室內、室外的大型運動場所，包括騎馬、網球、足球、游泳等等，平常和例假日均開放。

荷蘭交通網四通八達，有便捷的大眾捷運系統，任何時間、不論有無乘客，一定準時開車，除非罷工。公車、電車經常僅坐一、二人，也照樣開，而且班次密集，很少看到擠沙丁魚的情形。車上只有一名司機，要不要買票隨心隨意，如果被查到罰款很重。這種節省成本和尊重人性的制度，在我國應可慢慢推展，我想這也是社會主義迷人的地方吧。

唉！在這裡過了二年又七個月了。回憶起在星洲時老二秉鴻尚在襁褓中，呀呀學語，搖搖晃晃學走路，轉眼已四歲，他在家說國語、英語，在學校說一點荷語

（今年九月進荷蘭學校）；老大皓華已近七歲，就讀英國學校一年多，講一口標準英國腔英語，兩個小孩活潑可愛，唯有時玩具弄亂滿屋，令人煩惱不已，但有時天真淘氣，逗人忘記一切煩惱憂愁。太太除了燒飯、洗衣，相夫教子以外，有時間就去社會大學上英語課，日子倒也過得匆忙和充實。一年前，自己買了一部電腦，機型TANIC486DX100，性能還不錯，因為公司電腦不夠，就放在公司使用，直到本會計年度，公司編列預算買了新電腦，才在前幾天搬回家。家裏因此又多了一項生活節目，兩個小孩和內人有時玩玩電腦遊戲，也不亦悅乎。而我下班後，有空時也打打電腦，實在方便。至於生活語言方面，基本上還是以加強英語為主；在國外語言是很實際的問題，語文能力的好壞，直接影響生活和工作，因此只要有機會和時間就努力學習。

公餘閒暇之時，全家會一起開車出外旅行，我們對旅行的看法是：人類渺小，世界浩大，無雄心大志，隨性而遊，盡興即可。而且小孩還小，進出不便，考慮因素較多。一般而言，在歐洲開車旅行很方便，各國高速公路均相聯接，只要看得懂地圖，體力充沛，一天開七、八百公里是很簡單容易的，尤其是在德境，無時速限制，喜愛飆車的朋友，除了英雄—愛車有用武之地外，也可藉此舒暢一下心中的鬱卒，或是享受一下奔馳的快感。早上從阿丹市出發，傍晚時分，北可到丹麥，東可到德國，南可到法國、瑞士等地。總之，出外旅行一切以安全、平安為重，我們的足跡和旅遊心得待後敘。

時光飛逝，也該是束裝返鄉的時候了，前些時日，國外部林襄理來電，詢問是否續延一年？而親情的呼喚，總是令人難於下決定。何去何從？有來有去，人生就隨緣吧！餘言不一，留後稟敘。匆此　敬祝

萬事如意、身體健康（84年12月31日）

八十五年四月十五日

# 荷蘭瑣憶

江金隆

我國前駐外大使溫源寧先生曾說：「一個人到了一個新的國家，如果只住幾天，也許他的膽子很大，以為對這個國家懂得很多，可以大膽地寫其觀感了！可是如果住上一個月，也許膽子開始小起來，如果住滿一年，也許便發現自己對這個國家懂得太少，不敢動筆了！」，足見「知國」之不易。

數年前，我有幸奉派至荷蘭，就此在荷蘭生活了三年。雖說入境隨俗，偶而兩三次試吃當地飲食，尚覺新鮮、有勁，但要經年累月吃那種乾硬、乏味的荷蘭麵包及怪味道的乳酪，我和家人內心始終抗拒著，不想被同化，因此三餐還是中國菜。況且荷蘭是公認最不懂「料理」的歐洲國家，那一道荷人仰頭入口的名餚「哈冷」鯡魚，真是「食之者讚、聞之者腥」，在下也淺嘗幾次，別有一番鹹、香、酥軟夠勁的滋味！不過要是您甫吃下這道僅次於鵝肝醬、魚子醬的「美味」，就鑽入車內，那股美味真足以遺「腥」車廂，久久揮之不去！勸您上車前先大口呼氣吸氣！免得眾人掩鼻嗔視！至於半道地的荷蘭菜，我們也只有在與臺商打球後的俱樂部聚餐會去品嚐、體會一下豌豆濃湯的滋味。而吃道地的荷蘭菜，要一週前先預約，半因遠近聞名，半因座位太少。有一次，也是唯一的一次，我和好友相約二家人一起去吃道地荷蘭餐，兩輛車在黃昏的道路上左閃右拐，終於進入鄉間小徑，在水盡疑無路時，一軒風車改裝的餐廳突然呈現眼前—這就是我們要找的餐廳。停車後，攀梯而上，但見廳內煙霧迷漫，氣氛典雅，所有的菜單寫在色彩華麗的木鞋鞋面上，沁涼的啤酒，濃郁芳香的豌豆湯，烤小麵包加上一份五百公克澆上奶油爽口不油膩的嫩牛肉，真是美妙得無以復加。兩家共費荷幣二二〇盾，不算貴。

在荷蘭的三年，正應了「不忙不玩，大忙大玩」，窮忙工作後的星期假日，只要有機會，總要與臺商們聚會打球以紓解困乏的身心。春夏之時，鳥飛草長，日長夜短，適宜遊山玩水。偶而心血來潮，便隨興出遊。西歐各國，高速公路網密集，交通便捷，進出法國、德國、比利時、盧森堡等國均免辦簽證。而歐洲小城，週六、日常不見人影，沒人做生意，死氣沉沉，只能逛博物館、教堂及古堡。歐洲人相當重視休閒，今年四月一日起，每週工作時數改為三十六小時，亦即每週上班四天半；比較起來，台灣人拼命賺錢而歐洲人越來越懶了。每到任何歐洲城市，假日百業休市，只有中國餐廳幾乎全年無休，感覺上，中國人實在是勞碌命！

荷蘭境內平坦，缺乏山色，但倒是處處有水。腳踏車可以通行無阻地走遍大街小巷，帶著腳踏車坐火車、輪船旅行歐洲並非奇談，荷蘭境內有規劃完善的腳踏車專用道，到處標示腳踏車前往目的地的捷徑路線，因而腳踏車在荷蘭是一寶，車店老闆非常關心您的車鎖堅不堅固，並且鄭重推薦赫然陳列在櫥窗裡臺灣製的大鎖。細察此鎖，為捷安特製造，價格遠比德國製的便宜又暢銷。看到「MADE IN TAIWAN」，彷彿他鄉遇故知，悲喜參半。

荷蘭偷竊之風甚盛，常見腳踏車只剩車骨和車鎖牢扣在鐵柱或樹幹的滑稽景象。汽車內的音響、相機，也會引人犯罪，所以荷蘭的公共場所到處貼有小心宵小的警示，開車族銘記在心，離車時也人手一架車廂音響，隨身攜帶。我家向來不上鎖的儲藏室曾不見了一輛腳踏車和一把雨傘，可見小偷無所不在。而頂尖職業扒手就在阿丹市，曾有一位臺灣老兄到瑞士開完會返程經過阿丹市，在車站內撥電話，為保險特將隨身旅行包夾在兩腳間，打完電話，低頭一看，腦中一片空白—旅行包竟不翼而飛，所有的財物、機票都丟了。聯絡上了代表處，補辦護照、機票，餓了幾天後，幸運地趕上了臺商舉辦的聯歡餐會，同鄉會體恤他的困難，免費招待。有了同胞的關懷，飽餐一頓後，他才神色方定，然而荷蘭給他的印象卻是終身難忘：「Travel 變成 Trouble」，這都是竊賊惹的禍。

另外一位大陸留學生向荷警報案：腳踏車在公寓樓下被盜。這位仁兄早被同公寓的鄰居留字條警告：車鎖太單薄，請盡快換新。此兄置之不理，果遭不測。要知腳踏車在台灣可說稀鬆平常之物，在荷蘭一輛陽春型的就得花個新臺幣萬把元，此位仁兄向荷警訴苦怎麼辦？答的也妙：想辦法偷一輛！

很高興仍有交歐公司同仁賈勇騎車上下班，這三年中，不管雨、雪、風、霜，我已深深體會荷蘭腳踏車文化就是被尊重的文化。在荷蘭的交通規則裡，小孩及騎腳踏車者最被尊重，在過往的街道裡腳踏車直行優先，騎車者可以享受右轉讓長車陣等你而過的「大牌」滋味。在阿丹市區，曾見一名年輕開車者在交叉路口距腳踏車一步前才緊急煞車，使騎車的老者嚇一跳，老者停下腳踏車來訓斥這位冒失司機足足有二分鐘之久，才再踩車揚長而去。每天上班時，成群結隊的騎車者並肩比乘打招呼，等綠燈時簡短的交談，在在使你覺得喜悅與快慰！不過騎車上班並非全無風險，初春及早冬清晨，氣溫遽降，路上結薄冰最容易出意外，騎車摔倒，全無預警，摔得莫名其妙，待驚魂甫定，才知路面滑溜；而開車也不安全，煞車時容易打滑，使車橫在馬路中央十分危險，還是搭電車比較安全。

深秋時節，腳踏車專用道上佈滿落葉，車行其上，兩腳下伸，掠過樹葉，沙沙之聲，令人歡愉。若逢下雪，騎車又有一番新滋味，不過凡事要有喜悅的心情，才能有所領悟：雪花飄在臉上，沁涼而輕靈；飄在舌上，好似在品嚐未加糖的棉花糖。而下霜的清晨最冷冽，經常凍得兩腳發麻，耳朵哄哄作響，呼氣成煙，因此騎車的人，口裡好像拖著一縷縷或斷或續的白煙。下冰雹時，伸出舌頭，品嚐冰雹擊舌的麻疼及入口即化的滋味，真想讓在台灣的親朋好友一起共享呢！

八十四年七月十五日

# 荷蘭養雞記

張源榮

這裡記載的是同事何先生養的那隻雞的故事。

何先生家裡的雞原來並不是他的雞，而是本公司前任副總經理江上立先生家的。江副總在去(1994)年八月離荷前，他就讀英國小學的大女兒，因學校功課的需要，自A'dam附近的養雞場買了一個受精的蛋來實習人工孵蛋養雞。從此全家投入生產，造個巢，懸盞燈，依照指示控制溫度、隨時給蛋翻身，不久果然孵出一隻毛絨的小雞，全家欣喜若狂，視若己出，只是調回台北命令已到，只好割愛給來自台灣的同事何先生，並沿用以前的名字，叫牠Boucher，只是雞還小，分辨不出是雌是雄？

江副總投入的是「生育事業」，何先生投入的是「養育事業」。何家自從有了Boucher這隻小寵物後，對牠也愛護有加，生活比以前忙碌很多。以軟木屑為巢，以鮮牛奶為水，或餵東方食米，或給西方麵包，還到超級市場去買特製細砂，供雞啄食以幫助消化，並不時Boucher、Boucher親切地叫牠。牠似乎也聽懂自己的名字，每一次叫牠，總是很快就現身讓你看到。有一次，還聽過何太太從十公尺外叫道：「Boucher, come back, come back。」Boucher聞聲後馬上返回家園，適時解決侵犯他人領土的尷尬。這種有呼有應與人、雞之間良好溝通情形，令人感到非常溫馨，也讓荷蘭佬佩服不已，以為咱們東方人擁有神奇的馴畜能力。

但三個月後，有些難以避免的問題發生了。Boucher長大了，原來的雞籠子便嫌小了，何先生不忍牠的行動受到限制，成為一隻台灣肉雞，便經常放牠在後院走走。不過荷蘭人係以矮樹為籬，漏洞很多，Boucher便不免經常溜到隔壁家花園去覓食，到處扒土尋找蚯蚓、小蟲來吃，順便屙個雞屎留念。牠自由逍遙，卻苦了何家，因為鄰居常常抱怨Boucher越牆騷擾，還有一處處的雞糞，要求何家加強「教育事業」。只是雞性難改，教育難收其效，不知如何是好？只好罰牠關在籠內，採「多次少時」方式出籠活動，並不時呼喚牠回來報到，以免被鄰居發現。那段時間，如果你從何家後院小路經過，總會聽到好幾次呼叫Boucher、Boucher的聲音在樹間流轉。

寵物的命運總是被操縱在主人的手中。Boucher 越長越健碩，尤其羽毛越來越漂亮，顯得雄糾糾、氣昂昂的樣子，原來是一隻不折不扣的大公雞，不時可聽到牠在「喔、喔」大啼，此聲有人欣賞，有人卻以為是另一種公害。何先生困擾不已，想牠已長大，也該走入自然，獨立生活。為了雞的前途及避免未來更多的煩惱，只好把牠送到 Amstel Park 去。

1995 年年假，何家邀我家人至 Amstel Park 探春並看雞去。Amstel Park 在美麗的 Amstel 河邊，為阿丹市數大公園之一，以多種美豔杜鵑花為特色，裡面並築有小火車載客遊園，另有近百隻野雞，分做好幾個家庭，或築巢樹上，或在樹下佔地為國，各據一方，還有雞啼聲此起彼落，好不熱鬧；同時也看到散落一地的土司，原來有人每天提供食物，自願認養他們。此時聽到何家四口齊聲叫道：Boucher、Boucher，一群雞包括數隻公雞、母雞和小雞隨即跑來，我們也急著辨認那隻是 Boucher？傷心的是分別三個月後，Boucher 似乎已自組家庭，也似乎忘記自己的名字，因為何家已無法從雞奔近的特殊樣子認出那一隻是牠了。真應了那句西諺：

「Out of sight, out of mind」（日遠情疏）的悲情了。

寫到這裡，也為身處異域的我們而悲，希望母行的長官、同事們，別忘了寄居荷蘭的我們。最難堪他日久別相逢，卻道：形已變、神已槁、憶難回，對不起，我忘了你是誰？很歡迎您們到歐洲一遊，到阿丹市小住，順便探望我們。屆時我亦很樂意帶您們到 Amstel 公園玩，或許你也會交到雞朋友，或許牠並不會忘記你，不過不管怎樣，可別忘了帶一些麵包來做見面禮，切記。

八十四年九月十五日

# 旅歐雜感

謝利弘

## 苦中作樂

「苦中作樂，忙裏偷閒」，的確是派駐海外的前輩留傳下來自我消遣的錦囊妙計。猶憶去(83)年除夕深夜，顧不得半年結算後的滿身疲憊，大夥兒也湊熱鬧去燃放此地一年只許「迎接新年」才有的鞭炮和煙火；大年初一，辦公室外飄下了片片雪花，竟成大新聞似的大家奔相走告，或用電話分享「劉姥姥初見大觀園」的喜悅。野人獻曝之情，溢於言表。

今年據稱將是十三年來最冷的冬天，十二月中旬，運河上已見溜冰或玩曲棍球的人潮。清晨出門，如不小心翼翼走穩，馬上摔個四腳朝天，狼狽不已。「如履薄冰」，確實深深體會到了。

## BANKER’S WIFE’S BLUES

派駐海外人員由於包辦本身業務，因節省費用儘量精簡人事，不敢說經常摸黑出門深夜回家，但早出晚歸乃司空見慣，家眷們為了排遣寂寞，相偕自費到社會大學上英文課，有一天講「節奏跟語調」的問題：

Where does John live? He lives near the bank.

Where does he work? He works at the bank.

When does he work? He works all day and he works all night, at the bank, at the bank, at the great, big bank.

Where does he study? He studies at the bank.

Where does he sleep? He sleeps at the bank.

Why does he spend all day, all night, all day, all night, at the bank, at the bank, at the bank?

Because he loves his bank more than his wife and he loves his money more than his life.

家眷們相視會心而笑，大有「頗獲我心」之感。嗚呼！派駐人員豈個個都是「工作狂」(Workaholic)或「電腦癡」(Computer crazier)之輩，無非「人在江湖，身不由己」罷了。

## 兼差褓姆

某家眷身材雖然嬌小，動作卻快速俐落，廚房手藝絕佳。出國前擔任學校輔導室主任，本地華僑婦女會曾邀請她主講「鶼鰈情深」、「比翼雙飛」、「親子關係」等現代人最需要溝通與探討的問題，據聞曾有不少聽眾感動得落下淚來。聲音既爽朗，歌喉亦出色，哄起小孩來更有一套，而且難能可貴的是熱心助人。家有幼小孩童的父母，如果不得已要一起出外應酬，少不了要請她幫忙，成為名副其實的兼差褓姆。

## 三貼

跟英國、美國人相比，荷蘭人似乎較為冷漠而不可親近，路上陌生人相見都難得打招呼，但是熟人久未見面，一照面就先做熱絡狀抱在一起，來個「三貼」：右邊臉、左邊臉、右邊臉，然後再閒話家常。這種情景，在機場送往迎來中最常看到。中國人是相當保守含蓄的民族，通常情感內斂，喜怒哀樂不輕易形諸於外。曾有人問，真搞不懂你們中國人，看到多年不見的父母，也只是叫一聲爸媽，何以表現你們朝思暮想的愛意？這是情感的自然流露呀！不由得啞口無言，瞠目以對。中西文化的不同有如此者。

**旅遊學費**

來歐一年又三個月，倫敦、巴黎、科隆、瑞京 Stockholm 之外，最常去的還是附近的比利時。有一次開車到根特 (Gent)，好不容易找到一個大停車場，慶幸運氣真不錯，剛好剩一個車位給我們。遂提著行李找旅館夜宿，第二天遊完城堡再去開車，只見廣大的停車場竟變成了假日花市，數十輛車子全都不見，我的寶馬也不見芳蹤，這一驚非同小可。承花市攤販老闆幫忙打電話、找警察、叫計程車，尋尋覓覓，到十五公里外私人拖吊場繳罰款，待找到了車子，遊興早被消磨殆盡。總共罰款 5,650 比郎，外加計程車費 950 比郎，約合台幣 5,300 元，只能說破財消災，自我安慰一番。

**小鎮溫情**

十月二十三日到二十五日請了三天休假，連同前面的週末一共五天，慰勞「較好的一半」共遊久仰盛名的萊茵河。第一天搭火車經科隆到聖歌爾 (St. Goar)，趕搭當天末班遊輪到 Bacharach，在船上聽 Song of Loreley，摸黑找到了巴鎮一家旅館，卻已人滿為患。菲籍女侍不顧餐館的許多客人，熱心幫忙打了五家旅館電話，終免露宿之苦。安頓好行李之後，再回那家旅館吃晚飯，以圖回報。女侍談笑風生，跟每一桌客人噓寒問暖，當晚有英、美、日、意、德、香港等地多國客人，吃鱒魚飲葡萄美酒，燭光搖曳，魚香加醇酒，醺然間彷彿時光倒流，舊夢重溫，此生又復何求？

## 歐洲生活

對於飽受塞車、空氣污染之苦的人們來說，荷蘭真是世外桃源。除了花卉王國久享盛名之外，「都市鄉村化，鄉村都市化」做得相當徹底，豈僅芳草鮮美，落英繽紛！花木既扶疏，柳樹亦成蔭。人工運河和垂柳、木造小橋與灰鷺，各自相映成趣；落霞與孤鶩齊飛，海鷗共野鴨同戲。車子幾分鐘就可以開上高速公路，小型社區比比皆是。一般商店平常大都六點關門，星期假日也不做買賣（大百貨公司星期日下午從十月初試開兩個月，據稱營業不理想也將暫停），漫漫長夜何處消遣？到博物館、音樂廳、歌劇院等室內活動去也。鋼琴獨奏、交響樂、芭蕾舞、現代舞團頗具水準，常有世界著名樂團前來表演，雖然票價不菲（折合新台幣千元以上），仍然幾乎場場滿座。

## 平安夜

十二月二十四日聖誕夜，偶見國家音樂廳有個 Christmas Service，註明免費進場，既然無處可去，何妨進去看看。開演前二十分鐘到達門口，只見人潮洶湧，樓上樓下亂找位置，這模樣依稀似曾相識，彷彿又回到了魂牽夢縈的台灣。到歐洲年餘，第一次看到這麼不守秩序！

節目尚未開始，舞台上方，難得聽到的大管風琴先響了起來，宗教音樂莊嚴肅穆。然後，指揮上台，手勢一動，台上的合唱團便跟著輕啟歌喉，展唱了一段聖歌。沒想到，指揮居然轉身向後，順勢帶起上千觀眾跟著唱起聖歌來。哇！千人大合唱，歌聲嘹喨，聲振屋瓦，氣勢萬千，平添一段難忘的「平安夜」。

## 無盡的感謝

茲逢歲末，回顧過去一年又三個月的歐洲生活，不能無所感觸，特借「交銀通訊」一角，感謝諸多長官、同事與親友的愛護與慰勉，尤其長女五月間深夜遇襲，皮包被搶，被鄰居送往台北三總急診，以及準備大專聯考的小女，在她們最需要安慰與鼓勵的時候，仍可享受親情的溫暖，特別表示個人內心誠摯的謝忱。

八十五年四月十五日

# 總經理視察交歐公司側記

謝利弘

趙總經理捷謙趁參加在阿根廷召開的美洲開發銀行年會之便，三月三十一日從布宜諾斯艾利斯飛抵荷蘭，除視察交歐公司業務，拜訪本地金融主管機關外，並主持本行在阿姆斯特丹召開的海外分行第一次業務協調會報（與會者有國外部黃經理、新加坡呂經理、矽谷孫經理及紐約曾經理），順道訪問金融同業及客戶。到達首日，舟車勞頓，腸胃不適，原以為受了風寒，次日傍晚經延醫診斷為腸胃問題，所幸隔天即已痊癒，並不影響視察與拜會行程。

四月一日視察交歐公司，由交歐公司各部門主管分別就授信、存匯、會計最近三年營業情形，現有營運問題及未來努力目標，向總經理及四位經理簡報，同仁交相以電腦彩色圖表做投影片顯示，業務消長情形一目了然，充分表現了電腦資訊管理的功效。總經理面囑以交歐公司人員較少，應多注意內部控制，並與總處及其他海外分行密切聯繫，發揮團隊精神。中午到海牙我國駐荷蘭經濟文化辦事處，接受夏代表午宴款待，餐後參觀荷蘭小人國（Madurodam）、國際法庭所在地的和平宮(Vredes Paleis)以及世界最大的室內風景畫(Panorama Mesdag)。

二日早上先拜訪附近的三家台灣金融同業：彰化銀行、台灣銀行，以及中國國際商業銀行，了解其業務重點，交換業務心得，甚至於派駐人員的輪調辦法，對於本行海外分行未來業務的拓展方向，應有值得借鏡之處。下午的業務協調會報，本行三家海外分行先各做三十分鐘簡報，再接著討論提案。

三日一早，先參觀世界最大的花卉拍賣市場Aalsmeer Flower Auction，實地見識荷蘭電腦競標花卉情況，及其傲世的物流系統。接著到Keukenhof，參觀遠近馳名的鬱金香花園，可惜今年因為天冷，枯枝剛長新芽，鬱金香害羞也似的冒出寸來長，不敢敞開胸懷擁抱來訪貴賓。遍野花田無緣欣賞（據稱還要三個禮拜才會盛開，來的真是不巧），只有溫室內還有可觀。再到音樂鐘博物館觀賞古老的音樂鐘和自鳴琴。最後到宏碁電腦歐洲公司拜訪，並參觀其裝配線工廠，承呂總經理盛情邀宴，菜香情濃，光陰苦短，待返抵旅館已是午夜十二點。

四日早上拜訪世界排名第二十五的荷蘭銀行（ABN-AMRO BANK），不巧他們扶植的足球隊（AJAX）前一天輸球，據稱接待的董事Mr. de Bievre還為此哭了一個晚上。之後參觀荷蘭建於十四世紀的古堡(Kasteel de Haarpark)，由於淡季，要下午一點才開放，看不到路易王朝的傢具，只在城堡周圍庭園走了一圈。中午在一家中國宮廷式建築的餐廳用餐，總經理點了一道烤魚，飯後直說荷蘭菜並沒有想像中的難吃哩。

四日傍晚拜訪荷蘭中央銀行，與副總裁Mr. Touw交換兩國經濟現況之後，趁禮拜四晚上商店延長營業時間，一行人從水壩廣場(Dam Square)徒步經卡佛街(Kaarvelstraat)走到來茲廣場(Leizplein)，看熙來攘往、摩肩接踵的各地遊客，偷閒享受逛街或購物的樂趣。總經理在一家英國店送我們帽子，一人一頂，並說明任何料子、任何款式或任何顏色都可以挑，但就是不能挑綠色的。他又在一家英文書店，找了兩本有關荷蘭經濟方面的書，縱使旅遊也不忘讀書，的確書生本色，用功精神令人歎服。

五日荷蘭復活節放假，我們一行八人分開兩部車從海牙、鹿特丹，經渡船過海到比利時的布魯日（Brugge），不幸在布城地下停車場附近失散了（兩個鐘頭後，才又在鐘樓附近碰見），結果一部車精遊布魯日，漫步街上並坐船遊城，然後逕返阿姆斯特丹，另一部則仍照原計劃續遊根特（Gent），幸賴曾經理、孫經理分擔駕駛，據稱充分滿足了在美國享受不到的飆車樂趣。說來慚愧，兩城少說也去過五次，但有三次都坐火車，卻總是隨興而遊，並未刻意去記路線如何走，有夠迷糊？

六日早上參觀民俗村（Zaandam）及國家博物館（Rijksmuseam），了解荷蘭乳酪和木鞋的製造過程，並欣賞國寶林布蘭的夜警圖等名畫。總經理說一國國力是否強盛，可以從他們的博物館和動物園規模看出端倪，因為這些都需要很多錢來維護，所謂「見微知著」者此之謂歟？

這次拜會行程，除了荷蘭中央銀行、荷蘭銀行及台灣金融同業之外，特別安排拜訪台灣積體電路歐洲公司、宏碁電腦歐洲公司。這兩家最具代表性的客戶，前者年營收四千萬美元以上，因只負責行銷，是匯入匯款、匯出匯款的大客戶，並無其他往來；後者今年預估營收將達七億美元，但因受主客觀環境的限制，也僅能有貸款往來，無法提供其他服務。歐洲地區台商市場由此可見一斑。

視察期間荷蘭氣候陰晴不定，雖說四月天，清晨車上擋風玻璃仍要刮冰，寒風凜冽，兩天下來嘴唇都乾裂了，白天也曾數度飄雪，或降下冰雹，樂得來自新加坡的呂經理，慫恿著黃經理一起站在室外拍飄雪奇景，但願拍出來的雪景照片沒有讓她失望。據聞曾經理、孫經理、呂經理回去後都感冒了，是荷蘭果然太冷？行程太過緊湊？還是地主接待熱情不夠？如係後二者，則請多多包涵為盼。

四月一日至四日剛好碰上阿姆斯特丹大型旅遊特展，許多旅館早被預訂一空，只好勉強訂下裝修中的希爾頓大飯店，從側門進出，矽谷孫經理也因班機擁擠而遲了一個晚上到達。雖然號稱五星級旅館，房間內連咖啡壺也沒有，真是委曲了諸位大員。

這次總經理等一行蒞臨視察，眾星雲集，對交歐公司來說，真是蓬華生輝，也是難得的經驗，從安排行程、預訂旅館，到製作簡報、拜訪客戶等等，雖然竭盡所能，惜因平日路況不熟，視察前三週又恰逢荷蘭中央銀行及會計師相繼查帳，未及預先演練，以致狀況頻出，耽誤了許多寶貴時間。幸託眾星鴻福，平安完成使命，真是感謝。最後更應一提的是諸位經理搶著「分攤付帳」(When in the Netherlands, always ” go Dutch “ ?) 美其名為建立制度，其實或因交歐公司阮囊羞澀？直令地主汗顏不已。

海外分行第一次業務協調會報，首開台灣金融同業先例在歐洲舉行，誠如曾經理事後四月九日電傳所說：「荷蘭之行就個人而言，確實增廣不少見聞，尤其得以與 貴公司同仁相互切磋，並與在阿姆斯特丹其他來自國內同業交換業務心得，機會實屬難得；海外分行會議本身更提供各分支單位與首長間直接溝通管道，姑不論各項建議是否均能為總處採行，至少下情已上達，各單位間也藉此機會相互觀摩，相信各位與會者均是滿載而歸！」但願都是如此，也但願此舉更能拓展本行經營階層的國際觀，加速本行國際化的腳步。

八十五年六月十五日

# 詩作

# 七律三首　附序

袁英華

## 一、閑居有感

平生勉力種心田，篳路藍縷著祖鞭；
守道安貧行素志，修身養性樂餘年。
荊妻淑慧窮愈愛，好友真誠老益堅；
世事煩囂休過問，清風明月且留連。

八十二年七月，屆齡退休以後，無案牘之勞形，少人事之煩擾，有家庭之溫馨，獲友情之滋潤。精神舒暢，隨遇而安。或閱讀，或靜坐；偶遊花市，閒逛書坊，揮灑翰墨，聆聽雅音。早晨運動於學苑，晚間散步於公園。每於夜闌人靜之際，園中清風徐來，皓月當空，飄飄然不覺與自然合而為一，心境豁然開朗，其樂無窮。

## 二、七七抗日感言

七七於今五六秋，艱危八載豈忘憂？
萬千人命成灰燼，億兆錢財付水流。
全國一心無二意，三軍百戰有同仇。
十方志士齊興起，四海九州任去留。

江西南昌第一中學，於抗日戰爭期間，配合疏散政策，先遷奉新，再遷崇仁，嗣遷廣昌之驛前，最後至白水（現已改名赤水）。顛沛流離，異常艱苦。勝利之後，始返南昌。八十二年九月十一日，南昌一中海內外師生聚會南昌。在高齡九十三歲老校長吳自強先生精神感召之下，各地校友，無分地域遠近，不計年歲老邁，跋山涉水而來，誠乃空前之盛舉。翌日，校長率領一百五十餘人，遠赴廣昌、白水、驛前。舊地重遊，百感交集。雖有不勝滄海桑田之感，仍復興致昂揚。昔日之青壯，而今無不雙鬢花斑矣。時空易變，情誼不移。晤面恍如隔世，暢敘依舊溫馨。但願人長久，千里共嬋娟。

## 三、遊長江三峽書懷

重慶炎炎似火煎，甘霖忽降景鮮妍；
長江洶湧爭奔海，三峽巍峨競頂天。
滾滾豪雄如濁浪，翩翩才士若輕煙；
花開花謝春猶在，碧水青山萬萬年。

八十四年八月十日參加長江三峽旅遊。當日經香港飛重慶。適逢夏末秋初，炎熱異常。翌日忽然風雲驟變，大雨傾盆，立即涼爽宜人，景物鮮妍，又是一番新氣象。

回憶抗戰時期，重慶乃戰時陪都，為政治文化之中心。日機經常空襲，硝煙處處。人民生活於戰火煎熬之中，幾無寧日。後以美機原子彈轟炸廣島，逼令日本於一九四五年八月十四日宣布無條件投降。我國終獲最後勝利。全國歡騰，萬民同慶。迄今已五十年矣。登臨斯地，追懷往事，不勝感慨系之！

八月十二日乘「藍鯨號」遊輪順流而下。觀看長江之洶湧，三峽之巍峨，赤壁之峻峭，洞庭之壯闊。深感我中華河山錦繡，益增愛戀之誠。然而古往今來，多少英雄豪傑，文人才士，莫不隨滾滾奔流之波濤，翩翩飛舞之雲煙，消逝無踪矣！唯有江上之清風與山間之明月，恒久長存。

# 詩三首

宋健行

**晨起**

萬樹蔥蘢映碧空，青山爾後更玲瓏；
此來不作狂遊客，辜負天心造化工。

**海邊踏沙行**

盈眸寂樂海邊行，大海孤舟蕩我胸；
放眼茫茫天海處，孤舟何去我何從。

**耋耄感懷**

莫謂行蹤三萬里，天涯遊子不思歸；
非關童叟不相識，父老相逢歉錦衣。

# 花譜速寫

楊在美

**鬱金香**

花城擁金又懷香，何事憂鬱還神傷？
知足惜福心恆滿，天寬地闊日月長。

**蒲公英**

壯哉盛矣爾黃英，身懷千萬小傘兵；
乘風而起凌空降，迎向嬌陽展俊容。

**仙人掌**

爭艷比嬌不遑讓，抗暑耐旱最在行；
忍字功夫誰能勝？贏得仙人齊鼓掌。

**梅**

迎霜綻放任雪飛，堅毅耐寒非嬌蕊；
喚我梅妻是和靖，千古知音還有誰？

**蘭**

花國號稱王者香，美的一身無處藏；

晶瑩珠光是晨露，氣質高雅不孤芳。

**菊**

經霜傲骨性純真，花之隱逸有令名；
知交唯有陶靖節，歸來相對酒盈樽。

**天堂鳥**

莫以鳥名滋誤會，我乃花族非喙類；
只因痴心嚮天堂，展瓣如翼振翅飛。

**雞冠花**

頂如雞冠意氣雄，雖不能鳴也威風；
感謝天公為加冕，英姿昂立百花中。

**向日葵**

旭日初昇我向東，追隨有若雲從龍；
夕陽雖好近黃昏，唯願明朝再相從。

# 丘壑

趙娣娟

詩人台客伉儷惠我雅石數顆、
小屋一椽、小舟一葉，
置於案几即景。

蒼碧滑潤的西瓜石
如崖山矗於水濱
巔頂一椽小屋是東坡的草廬
屋前一泓清泉瀑飛崖壁之間
一葉小舟張帆繞江而來
盤桓赤壁之下

黑底白點的梅花玉石
錯落出一簇簇山水
有桂林的崢嶸
　珠江的嵯峨
幾顆雅石
羅列出我中國的夢土

丘壑

梅花玉延伸蟠據西瓜石的一方
分割出長長彎彎的水道
駕著小舟揚著帆
凌長江的大河之波
攬江南的山水之秀
而中國以詩的歌聲迎我

# 玉蘭花

趙娣媚

晚窗前
伏案讀詩
沁心的清芬如霧
氤氳出
輪椅上的瘦弱影子
畏縮的手
舉著一串玉蘭花
如一串無語的呼喚

突然　攔住我
慣性的腳步
我遂轉身折回
輕輕接住
一串素色的玉蘭

隨興置於案頭
伊的芬芳
竟在我的詩頁間
爛漫地飄繞　迴旋

# 紅豆

趙娣媚

一顆熱情如火的心
藏滿相思的種子
自王維的詩句
播入犁過的土地

# 一枝葫蘆竹

趙娣嫺

未來雖被截斷
痴痴守著的豈只是從前
出土的小節
一二三四五
瘦的腰　環的腹
娉娉婷婷　立成
案前清供

孅孅細枝　自節間撐起
層層修長的脈葉
恣意成綠色的盎然
遮護一片寧靜的天地

# 詩漾情懷

趙娣嫺

他們來到漾滿綠意的植物園
停在步道中間

她
修長的身影幾分婀娜
白淨的臉蛋勻著淡彩
雙頰有點兒清瘦
向後梳理的黑髮絲
光整如可細數
在腦後頸間繫了個髻
自然俐落且灑脫
絳紅色長袖襯衫
外罩黑色軟皮短背心

長及腳踝的黑色長裙下
一雙黑色時髦的高底布包鞋
優雅而有韻味

她的目光靜靜凝望前方
那張綠色靠背三人座長椅
尋思半晌
慢慢走向前去
緩緩落入椅中左座
身軀微向右前方雕塑

坐結婚時的樣子
他說
在低放的相機腳架後

於是她重新調整坐姿
靜止地等待
突然她開口說
不，那時我是坐中間

於是起身悄跨兩步
移入中座
重新雕塑自己
神情專注儀態婉約
彷彿身上仍有輕紗似白雪

而——
佳人平靜的臉面平靜的眼眸
似不起風的池水

映出平靜的心中歲月

他按下了快門　說
要不要換你幫我照
於是
他們交叉互換了彼此

他沒有遲疑
也沒有挑剔
更不再選擇
直接坐進綠椅中座

他
昂藏壯美堂堂漢子

有幾分男子的粗獷
方圓的布敷著歲月風塵的臉上
浮現愉悅溫文的笑顏

密草般的頭髮
蔓延到額前和頸間
粗枯灰白的髮腳
似在向時間喧囂
就連唇上的烏髭
也染上白霜幾絲

淡綠色的長袖襯衫
淺藍色長褲
白色休閒布鞋

輕便的裝束
散出悠閒的氣質

他抬眼
看到她在研究相機
於是起身移到她旁邊
輕言細語解說指點
神情融在相機裏

知道沒有了問題
他再回到綠椅中間
坐下時思索了一下
隨即翹起二郎腿
笑眼俏皮看著她

這個姿勢不要
她的聲音馬上傳了過去
宛如出落空谷的鳥語

於是他把翹高的右腳
輕輕移放地上
雙腳小心並靠
同時給她一個微笑
隨後兩手收回眼前
思量掌心向上
思量掌心向下
幾秒鐘的思考
再順勢自然放置腿上
直著脊樑挺著胸

四平八穩像哲人

他含笑的眼光
再度向她徵求
她點頭示意可以
輕手按下快門

接著
她為他雕了幾個坐姿
補捉了數個佳構
鏡頭的焦距直守著綠色長椅
他是她心中唯一的造物
且他亦未曾易座更席

最後
他們的臉上被喜悅的顏色沾滿
終於著手收拾相機
拎起提包衣物
迎著鮮美的晨氣
並肩閒閒走在泛著秋光的步道裏
在綠色掩映的婆娑樹影間
沒入往日的軌跡

# 寄生蟹之歌

趙娣媚

從我能走路的那一刻起
我就一直在尋覓
尋覓一個可以遮風避雨躲難的巢穴
我踟躕海隅
尋覓

而貝殼的族群是建築師
不論老少
一日日忙著為我們構築新巢
有一天完成了工事
靈魂離開了驅殼
肉身餵養了海蟲
而空殼就是我們的華屋

萬千的貝殼的族群呀
你們辛勤一輩子
給我們營造了萬千華屋
庇蔭我族老老少少
而人類的白居易呀
他的廣廈千萬間
卻不曾蓋好

同樣在天地之間
我們生來就身無長物
也無所棲止
柔軟的身軀竟日張惶
只為尋找一個屋
而貝殼的族群呀

多謝你們的恩慈
給了我們美麗的棲身之所
那怕自許萬能的人類
嘲笑我們
只是寄生
寄生在你們殼裏的蟹

# 山海之情

陳高德

春天以羞紅的腳步走入多雨的街頭
雨珠誘使淚珠滾落傷心的碼頭
髮絲輕飄似劃過船帆的微風徐徐
鼓漲霧夜昇起的氤氳似帆
哀愁以海鷗追趕浪花的速度撲來
加速了船行的汽笛匆匆如泣
層層相思編織成的夢憶已成迷惘
期待從船桅上跌落深藍洋流中
情愫已隨季風變幻的方向
飄向那霞光逐漸消褪的天際
把天邊的愁雲拋向那慵懶的洋流吧！
向孤獨的神祇默禱
向靜默的山海呼喚
漂泊的旅人啊！

何處才是你的避風港！

金星以急速的腳步追逐晚霞
消失在那水天相連的矇矓中
孤帆徐徐宛如崖邊旅人
海鷗無言飛向幽暗的山頭
靜謐的港灣欲以燈海驅逐寂寞
驅不走的是旅人身心的疲憊
弦月緩步渡上悲情山頭
不為窺視不為同情
只為輕撚弦歌一首
群星如潮淹沒銀河傾聽
獵戶北斗勾起孩提的夢土
往日的希望與愛戀如霧

舉杯飲盡滿天的鄉愁
漂泊的旅人啊！
我們的島究竟在何方！

黑夜為黎明拉開序幕
海鷗駝著一道朝霞飛來
滿天星辰墜落迷濛的港灣
山嶺隨著晨曦換上璀璨外衣
日出潑墨畫迤邐在東方之島
浪花淹沒往日離索幽苦
初陽溫煦輕抹渾身倦意
或許我們期待冰河的解凍
當回憶自微風中甦醒
思鄉的船影駕著晨霧歸航

我的心
如新葉上的露珠晶瑩亭立
漂泊的旅人啊！
旭日東昇
是為另一個絢爛的起點

# 鳳凰花的童年

陳高德

夢中的大肚溪南岸
鳳凰樹和木麻黃佔領的校園
赤腳踏過枯葉泥土的童年
籃球架下的汗水與塵土齊揚
老榕樹下的鞦韆是織夢的搖籃
教室後叢叢的相思林
是督學來時藏參考書的地方

或許
操場上玩躲避球的黃昏
殘留著歡笑眼淚的歲月
火海般鳳凰樹下的捉迷藏
捉住的是飄落滿地的紅花片片
映紅著跳方格子的無邪童年

如今
驪歌已不在這裡彈唱
竹林深處林投姐的故事已不再上演
木板箱內的枝仔冰早已溶化
相思樹上的白頭翁不見踪影
街道樓房已佔領了校園

玩彈弓的歲月已鎖進櫥窗
映在心中的是那一簇簇的火鳳凰
年年在初夏綻放
化作不能遺忘的遠方
鳳凰花　火鳳凰
燃燒在夢中的童年

後記：大肚溪南岸的伸港鄉新港國小，是幼童時唸書的學園，也是閒暇時休憩遊玩的美麗公園，是童年做夢的地方。鳳凰木每年在初夏開花，火紅豔麗的鳳凰花往往排山倒海地開滿校園，令人如醉似痴。如今母校已遭變賣蓋樓房，鳳凰花已不復可見。流浪台北多年，北部的鳳凰木又不開花，童年時故鄉的鳳凰花卻是年年在夢中綻放。

八十七年十一月十五日

# 鄉愁

陳高德

故鄉憩在童年的牛背上
白頭翁困頓的回眸
瞄向海邊的大煙斗
發出無奈的「啾啾」
問道溪邊的竹叢哦
鷺鷥為何不歸巢

故鄉立在母親的臉龐上
依偎在柴扉邊
盯住田邊的牛車路
喚著遠方的遊子啊
兒時的風箏是否斷了線

# 台北心情

## —一九九六之春

陳高德

一

立春果然喚來雨水
歲次丙子台北冷冷的春
雨珠透穿解凍的泥土
嫩葉預告陽明山的
早春

雖然昨夜夢痕朦朧
山坡上方才甦醒的山杜鵑
悄悄地披上誘人的春裝
花的心事徐徐萌芽
垂柳岸上的絮語空中的足音
頓成元宵燈上的謎語
且把酒與寥寥星光共飲

## 願

南方的雁子捎來春江水暖的信
北方的信鴿帶來玉帛的禮
山下的旗海是招納正氣的旌旗
山上的牡丹鳳仙百合翩翩奔放
且不管
南北上下天上人間
我願是匹白馬
奔跑過每一片安祥的夢土

## 二

街頭爆竹以春雷之姿驚蟄
道旁百花齊放花團錦簇宣告春分
紅黃綠旗迎風小蜜蜂穿道

瘖啞喧囂的街頭發燒
鞭炮殘屑織成的地毯站成人海
身披彩帶逢人且掏心
頻頻握手測體溫

民主六合彩但憑一家歡樂幾家愁
賭注的是民心的向背
販售的是良心的純度
驍勇鼓聲喉嚨高分貝征服空氣
天上飛鴿權充慶祝的煙火
徐徐天鵝也聞聲助興
　但見
簡陋草創的民主舞台
編鐘羌笛與鑼鼓齊鳴

縱然技巧生疏音色靦腆
演奏的是一闋新編的樂章

三

木棉花火紅夾道綻放清明
狼煙四起墓草飛灰再造穀雨
雨絲滋潤乾涸已久的孝心
靜謐冥想氤氳的孤獨
水仙花香亦難補償
異鄉遊子一年一度的愧疚

連綿的雨勢是乾旱的終結者
適時滋潤疲憊的聲帶
繁忙鼓聲與祥龍瑞獅叫陣

天燈裊裊追隨嫦娥奔月
五彩煙火與天上繁星共一色
人潮與旗海淹沒台北街頭
淡水河映演熱情不夜城
　但願
二千多萬顆願心築成的船
昇起五千年等待織成的帆
迎著世人祝福的風
航向菩提的方向

# 冬雨

陳高德

一場初冬的夜雨
哀愁的雨聲
宣洩不可預測的心事
蹤身蒼茫的夜色中
洗滌濁夜的迷惘
忙碌可是醫治哀傷的良藥
嬌媚新月力拒烏雲的要挾
躍出雲層宣示明麗的笑容
多愁的星星苦笑眨眼
黑夜不是苦悶的象徵
俏皮的冬雨堅持夜遊

一場初冬的夜雨
晶瑩的雨珠

敲在大地的琴鍵上
擊出愉悅的音符
敲開塵封的心塵
揮去迷濛的夢魘
喚醒花圃的幼芽
一場初冬失眠的夜雨
下在清麗夜空下
不帶哀愁

# 故鄉

陳高德

故鄉啊
是童年的夢
牛背上看雲
小河中打水仗
草地上翻滾嬉戲
一串串地
童年

童年啊
是故鄉的夢
田野上放風箏
院子裏捉迷藏
仲夏夜看星星
一幕幕地

故鄉

故鄉啊
是童年的夢
大肚山下的田野啊
妳是否翠綠依舊
樹林中的鷺鷥啊
妳是否按時歸巢
遠方的遊子啊
童年是
一陣陣地
鄉愁

# 山河組曲

## ──台北印象

陳高德

雖不是千面夏娃
縱看成峰側看是嶺
讀盡風雲遞嬗
看盡潮起潮落
我的心依舊堅定如昔
像那浪跡天涯的遊子
枯坐河口，每日
俯視著那美麗又憂愁的河
撩撥故鄉的童年夢憶，而那
櫻花道上朝聖者的虔誠
硬漢嶺上征服者的歡呼
晨鐘暮鼓盪出的祥和
也無法抹去天邊彩霞繪成的鄉愁
毋須嘆息

流浪者沒有哀傷的權利

那渾圓堅挺的西峰
是登山者的故鄉
征服是你今生的誓言
攀爬上陡峭的背脊
仰之不見天，俯看不著地
鄉愁隔絕塵世築起霧都
當秋風不甘寂寞的造訪
總是撒下滿山遍野的芒花
招來尋夢者探幽徜徉
芒花如海浪
像少女的彩裙隨風飄盪
盪出遊子泛濫的思鄉情懷

毋須嘆息
流浪者沒有哀傷的權利

雲是我的密友
霧是我的知音
每當我心情低潮時候
他們總是不忘來看我
但我寧願是
山崖上那棵松，及
石階道旁綿密的箭竹林
像忠貞的守護神
守著妳那已遺忘的誓言
而那奔騰的硫磺汁液
煙霧繚繞熱情如昔

也滌不盡
日夜想妳的思緒
毋須嘆息
流浪者沒有哀傷的權利

懷抱著山林擁抱著城市
如今有如歷盡滄桑的老嫗
可是我也曾有標緻的娉婷時
像位多情的小婦人
野薑花遍佈水濱吐露芬芳
鷺鷥悠閒地在沙洲中漫步
漁郎力撒魚網唱情歌，也曾經
是人們的水上大道
泊運過無數的慾望和愛情，如今

已年老體弱又多病
縱然我有謙恭容忍的心情
也無法滌淨
那日積月累的往日舊夢
思念
在那野鴨追逐野雁的日子裏
想你
在那河畔夜釣秋雨的日子裏
毋須嘆息
流浪者沒有哀傷的權利

# 街頭小品

包孟姬

**櫥窗**

正品的身價由我代言
花枝招展是我不變的容顏
爭奇鬥豔
　只不過是這一季的試驗
因為 喜新厭
舊 滑過你指指點點的指尖

**路樹**

眼前望的路很直
但 不保證顛不顛躓
冀求的快樂希望
難道只是 都會的裝腔作勢
　還是城市的口號標誌

也許　留不住百年孤寂的身世
卻想深植
這一片土地的心事
悄悄地寫在
午后　飄　落的　葉　子

## 大廈

我穩穩地站住馬步
B1↓B3↓B6……紮根深度
我豈只是個鋼筋鋼骨的龐然大物
7F↓12F↓24F……挑戰高度
我保持良好的身材向外展露
泥磚↓二丁掛↓玻璃帷幕……
　學習包裝自我的技術

樓梯已不是唯一的通路
人進人出　電梯加快流動速度
　大廳與穿廊錯落著傳呼：
財富　財富　聚集不了我要的財富

風雨如故　春秋如故
我孑然　守著都會的日與晝的面目
穩穩地站住馬步
　　學習包裝自我的技術

# 九份行

包孟姬

從前
一批批擦身而過的人客
賣力又賣命
奴役身軀
陪著
挖礦的夢　汗　淚
曲曲折折前行
走過鎏金歲月的繁華而沒
落

藍天綠意
山嵐夜語
無限延伸的梯階
一直在雞籠山徘徊

而今
一批批擦身而過的人客
放送PUB的酒酣耳熱
伴唱時髦的夜遊
喧嚷二輪車四輪車的引擎聲
留住激情與讚歎
不是曾有的芋圓風華
而是令人惆悵的
九份寂寞

藍天綠意
山嵐夜語
無限延伸的梯階
依舊在雞籠山徘徊

# 熨貼

姚世中

撫摩
像一把熨斗
往來奔走著
情感從指端流下
一股暖流
默默地
從這端
流向另一端
熨平了
心靈深處
孕育出
寧靜　和諧
醞釀著
滿足　甜蜜

# 交銀文選第一輯編後話

趙娣娟

交銀通訊月刊在八十四年五月發行創刊號前的籌備期間，發行人趙總經理捷謙博士，即已前瞻性的指示交銀通訊將來發行到一定的時間，累積一定的作品量後，要將作品分類出版專輯。本輯「交銀文選」，便是因為累積了相當數量的同仁作品—散文、詩歌後，所彙輯起來的第一本專輯。對於一個編者，從看到一篇篇的來稿，看到同仁辛苦而有趣的一步步耕耘，一棵棵播種，到今天形成一片蓊鬱，滿園芬芳的景象，心中也充滿了歡喜與感動。

歡喜的是，這些作品被選入專輯後，同仁在寫作的路上多獲得一些肯定和鼓勵，只要繼續朝著這個目標努力，未來個人的著作專輯，將也可以拭目以待的；感動的是，身為銀行從業人員，在機械而忙碌的工作中，猶能磨厲自己的靈心慧性，一字一句砌築，真情至性的譜寫生命的篇章，將自己的經驗、智慧和情感與同仁、讀者一起分享，怎不令人感動！

本輯收錄在交銀通訊月刊發表的散文三十餘篇，詩歌三十餘首，有親情、鄉土之愛，有旅遊見聞，有讀書心得等等，在在展現出交銀同仁多方面的才情與才華。本輯除了編選交銀通訊刊登的文章外，由於趙總經理在尊翁仙逝時撰寫了一篇追思文章「父親記往」，行文清澈如長流，無盡的孝思與真情，源源綿綿，令人想到朱自清的「背影」，因此，特別徵得趙總經理同意，列篇本輯。又本書承蒙曾執報界副刊主編牛耳多年的孫如陵先生和曾任台灣大學文學院院長、現任中華民國筆會會長的朱炎博士及現任中華民國筆會理事的國家文學博士沈謙先生撰寫序言，對同仁寫作能力的肯定與讚美，相信是對同仁最大的鼓勵。這本專輯的出版，見證交銀同仁共同努力，為交通銀行，也為國家社會，留下了一份豐厚的文化資產。

由於沈謙先生提及：「這本書內容非常好，如果不上市流傳，甚為可惜。」也因此推動我和文史哲出版社負責人彭正雄先生接洽，他很樂意負責本書的行銷事宜。彭先生以其專業經驗，建議本書以趙總經理所撰的交銀通訊創刊辭—「溝通與交流」為書名。他說現在人際間最流行的是「溝通與交流」，它使用的層面相當廣泛，舉凡知識的、經驗的、生活的、情感的……等等，都可透過「溝通與交流」，使人與人間的思想更趨一致，情感、關係更趨於和諧融洽。因此「溝通與交流」便成為「交銀文選」第一輯的書名，而這個書名亦正適巧呈現交通銀行行徽所標榜的「溝通」、「交流」的精神，可謂「神來之筆」。

最後，希望這本專輯能引發更多的同仁、讀者，凡事思考、凡事觀察，凡所有思想秉持理想，秉持真善美，從內省的靈明中觀照，一朵花、一粒砂，都是一美妙的大千世界。在交銀文選第一輯出版前夕，一路陪著它走來的我，欣見同仁努力的成果，謹綴數語以誌之。

八十八年十二月

# 溝通與交流

## 交銀文選第一輯



---

發 行 人：趙捷謙
主　　編：趙娣嫺
發 行 所：交通銀行股份有限公司
台北市衡陽路91號
電話：2361-3000
郵政劃撥：18531301　交通銀行
經 銷 者：文史哲出版社
台北市羅斯福路一段72巷4號
印 刷 所：千鶴印刷股份有限公司
出版日期：2000年2月初版

280.-

---

ISBN　957-02-5574-9

國家圖書館出版品預行編目資料

溝通與交流／趙娣嫺主編
—初版，—台北市：交通銀行，2000〔民89〕
面；　　公分. －－（交銀文選；第1輯）

ISBN 957-02-5574-9（精裝）

830.86　　　　89001952